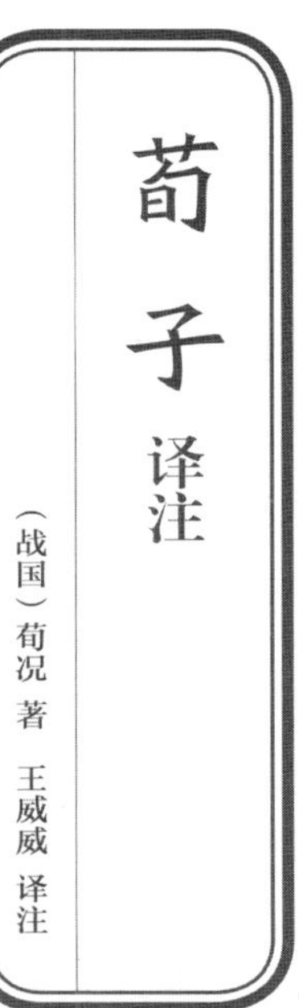

# 荀子译注

（战国）荀况 著

王威威 译注

北京联合出版公司
Beijing United Publishing Co.,Ltd.

# 目录

# 前　言

荀子，名况，又称“荀卿”“孙卿”或“孙卿子”，战国后期赵国人，生卒年不详，活动年份在公元前298年到公元前238年之间。根据《史记·孟子荀卿列传》记载，荀子在五十岁的时候才来到齐国的稷下学宫游说讲学（有学者认为“五十”应为“十五”之误），在齐襄王（公元前283年—前265年在位）时，荀子已是年纪大、资历深的学者，曾先后三次担任“祭酒”（古代飨宴时酹酒祭神的长者）。后来荀子遭人诽谤，离开齐国来到楚国，楚令尹春申君任用他做兰陵令。公元前238年，楚国发生内乱，春申君被杀，荀子被罢官，便安家兰陵。荀子憎恨乱世的黑暗政治，目睹君主不通晓治国之道却被巫祝所迷惑、相信吉凶的预兆，鄙陋的儒生拘泥于小节，庄周一派狡猾多辩、伤风败俗等现实景象，于是推究儒家、墨家、道家的成败得失，撰述了几万字的文章便辞世了，死后葬于兰陵。法家的集大成者韩非和秦相李斯都是荀子的学生。

荀子的著述经西汉刘向整理，校定为三十二篇，称《孙卿新书》，班固《汉书·艺文志》称为《孙卿子》，著录有三十三篇（当为“三十二篇”之误）。唐代杨倞将三十二篇分为二十卷，重新编排了篇目的先后次序，并为之作注，改题为《荀卿子》。《新唐书·艺文志》著录曰：“杨倞注《荀子》二十卷。”杨注本瑕瑜互见，而且在传抄刊刻过程中也出现了不少讹误。清代中叶以后，《荀子》的校释研究成果非常多，如谢墉的《荀子笺释》、卢文弨校《荀子》、汪中的《荀卿子通论》、郝懿行的《荀子补注》、顾广圻的《荀子校》、王念孙的《荀子杂志》、俞樾的《荀子平议》等。光绪年间，王先谦汇集各家的研究成果，编著而成《荀子集解》。民国时期，校释《荀子》的学者很多，其中，梁启雄以《荀子集解》为底本，又增加了王懋竑、孙诒让、刘师培、高亨、钟泰、日儒久保爱等多家的校释，作《荀子柬释》（1955 年修订出版，更名为《荀子简释》），内容简约，影响极大。其后，熊公哲的《荀子今注今译》、北京大学《荀子》注释小组的《荀子新注》、李涤生的《荀子集释》、杨柳桥的《荀子诂译》、张觉的《荀子译注》以及王天海的《荀子校释》，均有重要的学术参考价值。关于《荀子》一书的作者争议不大，一般认为《荀子》一书大部分篇章为荀子作品，少数篇章是荀子弟子的记述。

荀子虽被视为孔子和孟子之后的又一位儒学大师，但他所生活的时代，思想界的百家争鸣已经逐渐走向融合，荀子也在批判各家思想的基础上吸收了各家之长，他的思想与孔、孟已有不同。综观《荀子》一书，其内容非常丰富，探讨了哲学、政治、经济、军事、教育等各方面的问题，在中国思想史上具有重要的价值，但他所讨论的根本问题是治国之道，其他问题均是为这一问题服务的。现简要介绍他的天论、人性论、政治观、认识论、名实论等代表性观点。

“天”的观念是先秦诸子从古代文化中继承的共同财产。殷商和西周时期的“天”是有意志、有人格的“主宰之天”。在春秋战国时期，天的人格神的色彩逐渐淡化，但“天”又被赋予了命运、义理的意义。荀子的“天”是“自然之天”，这一点接近于庄子。他认为，自然的运行有着自己恒常的规律，这一规律不因为人的好恶而发生改变，“天行有常，不为尧存，不为桀亡”(《天论》)。同时，自然也并不能干涉人为，社会的治和乱是人自身的原因，而不是天的作用。荀子认为天和人即自然和人为有不同的职分，各有不同的职能，这就是“天人之分”，而“明于天人之分，则可谓至人矣”(《天论》)。在此基础上，荀子提出“大天而思之，孰与物畜而制之？从天而颂之，孰与制天命而用之”的观点，认为与其仰慕天的伟大，不如将它作为物资积蓄起来而控制它，与其顺从天而歌颂它，不如掌握天的运行规律而利用它，强调人为的力量和作用。因此，荀子在《解蔽》篇中批评顺任自然的庄子说：“庄子蔽于天而不知人。”

人性在孔子的时代已成为思想家讨论的话题，在战国中期以后则备受重视。孔子讲“性相近也，习相远也”，但未肯定人性的善恶；孟子主张“人性善”；荀子则以“人性恶”的观点而闻名。荀子认为，性是与生俱来的、自然而无须后天努力和教化的性质，“凡性者，天之就也”（《性恶》），“生之所以然者谓之性”，“不事而自然谓之性”（《正名》）。荀子对性、情、欲三者的关系作过如下解释：“性者，天之就也；情者，性之质也；欲者，情之应也。”“性之好、恶、喜、怒、哀、乐谓之情。”（《正名》）他认为情为性的内容，性所包含的好、恶、喜、怒、哀、乐就是情，而欲是情的表现。可以说，荀子认为情及欲是性的固有内容和表现，也就是说，荀子将人的喜怒好恶等情感、欲望当作人的本性。荀子非常强调“性伪之分”，本性是天造就的，不可能通过学习得到，也不可能人为做到；可以学会、可以通过努力从事而做到的，叫作人为。“性伪之分”实际上就是体现在人身上的“天人之分”。虽然荀子承认情感和欲望是人的本性，也非常重视人的欲望的满足，但是，他认为，因为物的有限，如果顺着人的情感和欲望而不加以限制，就会带来人与人之间的争夺，争夺就会带来社会的混乱，所以提出“人之性恶，其善者伪也”（《性恶》）的主张。他所说的“伪”就是礼义，礼义是圣人所创造的，是人们通过学习、努力从事才能做到的。恶的本性是天生的，但可以改变，“故圣人化性而起伪，伪起而生礼义，礼义生而制法度。”（《性恶》）就本性而言，尧、舜和桀、跖，君子和小人，都是一样的，人们崇尚圣人和君子，是因为他们能改变恶的本性，所以荀子尤其重视后天的教化、学习和环境影响的作用。他认为普通人也都具有可以了解仁义法制的资质和可以做到仁义法制的条件，如果普通人能够信服仁义礼法而进行学习，专心致志，持之以恒，积累善行而不停止，那就可以成为圣人。普通人可以成为圣人，即“涂之人可以为禹”（《性恶》）。

荀子的“性恶论”是他的政治观的基础。荀子认为，人与动物的区别在于人“能群”，即能够组合成为社会群体，人所以能组合成群体是因为有“分”，“分”就是等级名分，而“分”的标准就在于“礼义”，君主就是善于将人组合成群体的人。因此，在国家治理问题上，荀子极其重视“礼”的作用。人生来就有欲望，这是人的本性，而礼是后天人为形成的。礼一方面可以满足人生来就有的欲望，另一方面可以区分贵贱、尊卑、长幼的等级差别。礼是人道的最高标准，是治国的根本，天下遵从礼就能得到治理、安定、存续，不遵从礼就会混乱、危险甚至灭亡。不同于孔子和孟子，荀子在尊崇“礼”的同时，也重视“法”的作用，荀子有“礼法之枢要”“礼法之大分”（《王霸》）与“故学也者，礼法也”（《修身》）的提法，常将礼法并举或连用。但他更重视礼的作用，认为礼高于法，礼是法的总纲，“礼者，法之大分、类之纲纪也。”（《劝学》）礼法问题又与王霸问题密切相关。荀子有“隆礼尊贤而王，重法爱民而霸”

(《天论》)的主张，荀子的最高政治理想是称王天下，称王天下是通过礼实现的，而以法治国至多只能称霸诸侯。荀子澄清了王者、霸者、强者的区别，他推崇“王道”，但对“霸道”也有所肯定。他讨论了王者的政治纲领、政治措施、听政方法、用人原则、管理制度、官吏职事等问题。在政治制度方面，主张施行仁义、遵从礼义，法后王，确定名分，严明赏罚，尚贤使能；在经济方面，主张要重视农业，减轻赋税，合理利用资源，加强物资流通等。此外，荀子也重视乐的教化功能。荀子认为,音乐一方面是人的情感的表达，另一方面又可以感染人心，从而“移风易俗”，不同于礼区分人的等级差异的功能，乐使人与人和谐一致，二者均是治国之道最重要的部分，应该互相配合，共同发挥作用。

在认识问题上，荀子认为，人天生具有认识事物的能力，而客观事物本身是可以被认识的：“凡以知，人之性也；可以知，物之理也。”(《解蔽》)但具有认识能力并不意味着就能获得正确的认识，荀子将影响正确认识的因素称为“蔽”，“故为蔽：欲为蔽，恶为蔽，始为蔽，终为蔽，远为蔽，近为蔽，博为蔽，浅为蔽，古为蔽，今为蔽”(《解蔽》)。因此，想要获得正确的认识就需要“解蔽”，而“解蔽”的方法就是“心”的“虚壹而静”。所谓的“虚”，就是不让心中已经储藏的知识去妨害将要接受的知识；所谓的“壹”，就是不让对那一事物的认识来妨害对这一事物的认识；所谓的“静”，就是不让做梦和烦乱的想象扰乱认识。这样的心灵状态就叫“大清明”，可以正确认识万物及其规律。

名实关系亦是当时思想界的重要论题。荀子创作了著名的《正名》篇，将名分为“刑名”“爵名”“文名”和“散名”，回答了为何需要命名、命名的根据、制名的枢要等问题。他认为制名来指实，就可以明贵贱，别同异，这是需要命名的原因。制定不同名称的依据来自于“天官”，即人天生具有的感官。人天生的感官具有共同的生理基础，对相同事物的感觉相同，因此以“名”大致地模拟事物就可以通晓。因为人的感官和心灵对不同的事物会有不同的感知，因此就有了不同的“名”。他认为“名”来自人们的感官和心灵对事物的共同感知基础上的约定俗成。虽然名的制定并非非此不可，但是一旦约定俗成，名与实的关系确定，则不可随意变乱。荀子在该篇中对当时思想界流行的探讨形名关系的若干观点进行了分类批评，主张“名定而实辨”，而“用名以乱名”“用实以乱名”“用名以乱实”均非“名定而实辨”。

此外，荀子具有广阔的学术视野，他对自己观点的论证常通过对先秦诸子思想的批判而完成，因而，《荀子》中的一些篇章对先秦诸子学说的代表性观点和得失进行了总结和评价，这些文献对先秦诸子思想研究有非常重要的价值。

本译注以王先谦的《荀子集解》（中华书局，2012年版）为底本，并参考和借鉴了前人和现当代学者的研究成果，由于体例的限制，恕不一一注明。限于篇幅，本译注选译了《劝学》《修身》《非十二子》《王制》《富国》《君道》《天论》《礼论》《乐论》《解蔽》《正名》《性恶》共十二篇。由于水平有限，错误之处还请批评指正。

王威威

2013 年 7 月

# 劝　学

**题解**

本篇为《荀子》第一篇，比较系统地阐述了荀子的教育思想，旨在劝勉世人锲而不舍、用心专一地学习。文章探讨了学习的步骤、意义、目的、态度和方法等问题，强调后天学习和环境影响的重要性。荀子将《诗》《书》《礼》《乐》《春秋》作为学习的科目，体现出对经典的重视。但他不仅重视学习书本知识，更重视道德实践，他把“礼”作为学习的最高目标，认为“亲师”和“隆礼”是学习的最佳途径。

君子曰①：学不可以已②。青，取之于蓝而青于蓝③；冰，水为之而寒于水。木直中绳，輮以为轮④，其曲中规，虽有槁暴⑤，不复挺者，輮使之然也。故木受绳则直，金就砺则利，君子博学而日参省乎己⑥，则知明而行无过矣。故不登高山，不知天之高也；不临深谿，不知地之厚也；不闻先王之遗言⑦，不知学问之大也。干、越、夷、貉之子⑧，生而同声，长而异俗，教使之然也。《诗》曰⑨：“嗟尔君子，无恒安息。靖共尔位⑩，好是正直。神之听之，介尔景福⑪。”神莫大于化道，福莫长于无祸。

## 注释

①君子：指才德出众的人。

②已：停止，终止。

③蓝：蓼liǎo蓝，它的叶子可以提取深蓝色的染料。

④輮róu：通“揉”“煣”，用火烤木材使直木弯曲。

⑤槁gǎo：通“熇”，烘烤。暴pù：晒。

⑥参：通“三”，多次。省xǐng：反省，检查。

⑦先王：指上古的贤明君王。

⑧干：同“邗hán”，古国名，春秋时被吴国所灭，此处代指吴国。夷：我国古代中原地区华夏族对东部各族的总称。貉mò：同“貊”，古代北方部族的名称。

⑨《诗》：《诗经》。引诗见《诗经·小雅·小明》。

⑩靖：安。共：通“供”。

⑪介：佐助。景：大。

## 译文

君子说：学习不可以停止。靛青，是从蓼蓝中提取出来的，但比蓼蓝颜色更深；冰，是水生成的，但比水更寒冷。木材笔直得合于墨线，但将它用火烤弯曲做成车轮，它的弯曲程度就合于圆规，即使再烘烤暴晒，它也不能再伸直了，这是火烤弯曲使它这样的。所以木材经过墨线的校正才能取直，金属在磨刀石上磨过才能锋利，君子广泛地学习，并每天多次反省自己，那就会智慧高明而行为没有过错。所以不登上高山，就不知道天有多高；不临近深深的山谷，就不知道地有多深；没有聆听到先王的遗言，就不知道学问的渊博。吴国、越国、东夷族、貊族的孩子，生下来哭声都相同，长大了习俗却不同，这是教化使他们这样的。《诗经》说："你们这些君子啊，不要总是贪图安逸。安心地供奉你们的职位，喜爱正直的人。神灵知道了这些，就会帮助你们得到莫大的幸福。"没有比同化于道更高的精神境界，没有比无灾无祸更长久的幸福。

吾尝终日而思矣，不如须臾之所学也；吾尝跂而望矣[①]，不如登高之博见也。登高而招，臂非加长也，而见者远；顺风而呼，声非加疾也，而闻者彰。假舆马者，非利足也，而致千里；假舟楫者[②]，非能水也，而绝江河[③]。君子生非异也[④]，善假于物也。

**注释**

①跂qǐ：踮起脚后跟。

②假：凭借，依靠。楫jí：船桨。

③绝：横渡，越过。

④生：通"性"，指人的资质。

**译文**

我曾经整天地思索，却不如片刻的学习；我曾经踮起脚跟瞭望，却不如登上高处看得广。登上高处招手，手臂并没有加长，可是远处的人看得见；顺着风向呼喊，声音并没有增强，可是听的人觉得很清楚。依靠车马的人，并不是善于行走，却能到达千里之外；依靠船桨的人，并不是善于游泳，却能横渡江河。君子生性并非与人不同，不过善于依靠外物罢了。

南方有鸟焉，名曰蒙鸠[①]。以羽为巢而编之以发，系之苇苕[②]，风至苕折，卵破子死。巢非不完也，所系者然也。西方有木焉，名曰射干[③]，茎长四寸，生于高山之上而临百仞之渊；木茎非能长也，所立者然也。蓬生麻中，不扶而直[④]。兰槐之根是为芷[⑤]，其渐之滫[⑥]，君子不近，庶人不服，其质非不美也，所渐者然也。故君子居必择乡，游必就士，所以防邪僻而近中正也[⑦]。

**注释**

①蒙鸠：即鷦鹩jiāo liáo，又叫巧妇鸟。

②苕tiáo：芦苇的花穗。

③射yè干：又名乌扇，一种草本植物，根可入药。

④此句下当脱"白沙在涅，与之俱黑"八字。

⑤兰槐：香草名，又叫白芷zhǐ，开白花，味香，古人称其苗为"兰"，称其根为"芷"。

⑥渐jiān：淹没，浸泡。滫xiǔ：酸臭的陈淘米水，亦泛指污臭之水。

⑦邪僻：乖谬不正。

**译文**

南方有一种鸟，名叫蒙鸠，它用羽毛筑巢，并用毛发将巢编结起来，把巢系在芦苇的花穗上，风吹来，苇穗折断，鸟蛋打破，小鸟摔死。它的巢不是不完善，是巢所系的地方使它这样的。西方有一种草，名叫射干，茎长四寸，生在高山之上，能俯临百仞的深渊；并非它的茎能长到这么高，是它生长的地方使它这样的。蓬草生长在大麻中，不需扶持也能挺直。（洁白的沙子混在黑土中，就会和黑土一样黑。）兰槐的根就是芷，如果把它浸泡在臭水中，君子不会接近它，百姓也不会佩带它，它的本质不是不美，是所浸泡的臭水使它这样的。所以君子居住时一定选择乡里，出游时一定接近贤士，这是为了防止乖谬不正而能够接近中正之道。



物类之起，必有所始。荣辱之来，必象其德。肉腐出虫，鱼枯生蠹[①]。怠慢忘身[②]，祸灾乃作。

强自取柱[3]，柔自取束。邪秽在身，怨之所构[4]。施薪若一，火就燥也；平地若一，水就湿也。草木畴生[5]，禽兽群焉，物各从其类也。是故质的张而弓矢至焉[6]，林木茂而斧斤至焉[7]，树成阴而众鸟息焉，醯酸而蜹聚焉[8]。故言有召祸也，行有招辱也。君子慎其所立乎！

## 注释

①蠹dù：蛀虫。

②怠慢：懈怠轻忽。

③柱：通“祝”，折断。

④构：结，造成。

⑤畴：通“俦”，类。

⑥质：箭靶。的dì：箭靶的中心。

⑦斤：斧头。

⑧醯xī：醋。蜹ruì：飞虫名，属蚊类。

## 译文

各种事物的兴起，一定有它的起因。荣誉和耻辱的到来，一定与他的品德相应。肉腐烂了就会生蛆，鱼枯死了就会生虫。懈怠疏忽而忘掉了自身，灾祸就会发生。刚强的东西自己招致折断，柔弱的东西自己招致约束。邪恶污秽存在于自身，就会招致怨恨。铺开的柴草好像一样，但火总是烧向干燥的柴草；平整的土地好像一样，但水总是流向潮湿的地方。草木类聚生长，禽兽成群活动，万物各自依从它们的同类。所以箭靶张设，弓箭就射向这里，林木茂盛，斧头就砍伐到这里，树木成荫，群鸟就栖息在这里，醋变酸，蚊子就汇集到这里。所以说话有时会招来灾祸，行为有时会招来耻辱，君子要谨慎自己的立身行事啊！

积土成山，风雨兴焉；积水成渊，蛟龙生焉；积善成德，而神明自得，圣心备焉。故不积跬步[①]，无以至千里；不积小流，无以成江海。骐骥一跃[②]，不能十步[③]；驽马十驾[④]，功在不舍[⑤]。锲而舍之，朽木不折；锲而不舍，金石可镂。蚓无爪牙之利、筋骨之强，上食埃土，下饮黄泉，用心一也；蟹六跪而二螯[⑥]，非蛇、蟺之穴无可寄托者[⑦]，用心躁也。是故无冥冥之志者无昭昭之明；无惛惛之事者无赫赫之功[⑧]。行衢道者不至，事两君者不容。目不能两视而明，耳不能两听而聪。螣蛇无足而飞[⑨]，梧鼠五技而穷[⑩]。《诗》曰[⑪]：“尸鸠在桑，其子七兮。淑人君子，其仪一兮。其仪一兮，心如结兮[⑫]。”故君子结于一也。

**注释**

①跬kuǐ：半步。古时称人行走，举足一次为跬，举足两次为步。

②骐骥：骏马。

③步：古代的长度单位，历代定制的实际长度不一致，周代以八尺为步。

④十驾：套十次车，指十天的行程。驾，把车套在马身上，此处用“驾”指代马车一天的行程。

⑤舍：舍弃，放弃。

⑥六：疑当作“八”。跪：脚。螯：螃蟹等节肢动物的第一对脚，形状像钳子，能开合，用来取食或自卫。

⑦蟺shàn：同“鳝”。

⑧冥冥、惛hūn惛：专一，专心致志的样子。

⑨螣téng蛇：古代传说中一种能飞的蛇。

⑩梧鼠：当作“鼫shí鼠”。五技：鼫鼠能飞但飞不过屋，能爬树但不能爬上树梢，能游泳但不能渡过河谷，能挖洞但不能藏身，能奔跑但不能超过人。穷：窘困。

⑪引诗见《诗经·曹风·鸤鸠》。

⑫结：结聚不散开，比喻专心一志，坚定不移。

**译文**

堆积泥土成为高山，风雨就会在那里兴起；汇集水流成为深渊，蛟龙就会在那里生长；积累善行养成高尚的品德，自会无不通达有如神明一般，而圣人的精神境界就具备了。所以不半步半步积累起来，就无法到达千里；不汇集细小的水流，就无法成为江海。骏马一跃，不会超过十步；劣马跑十天也能跑很远，它的成功在于不放弃。雕刻东西却中途放弃，就是腐烂的木头也不能刻断；雕刻而不停止，那么金属和石头都能刻透。蚯蚓没有锋利的爪子、牙齿，也没有强壮的筋骨，但它上能吃到泥土，下能喝到地下泉水，这是用心专一的原因；螃蟹有八只脚和两只螯钳，但如果没有蛇、鳝鱼的洞穴就无处栖身，这是它用心浮躁的原因。所以没有专心致志的精神，就不会有显著的成就；没有用心专一的工作，就不会有显赫的功绩。走上歧路的人到不了目的地，同时侍奉两个君主的人不能被容忍。眼睛不能同时看两个东西而看得清楚，耳朵不能同时听两种声音而听得明白。螣蛇没有脚却能飞行，鼫鼠有五种技能却陷于困境。《诗经》说："布谷鸟住在桑树上，七只小鸟它哺育。善人君子啊，仪表举止很专一。仪表举止专一啊，心志就会坚定不移。"所以君子把精神集中在一点上。

昔者瓠巴鼓瑟而流鱼出听[①]，伯牙鼓琴而六马仰秣[②]。故声无小而不闻，行无隐而不形；玉在山而草木润，渊生珠而崖不枯[③]。为善不积邪，安有不闻者乎？

## 注释

①瓠hù巴：古代善于弹瑟的人。瑟：拨弦乐器，形状像古琴，但无徽位，古代有五十弦、二十五弦、十五弦几种。流：疑作“沈”，同“沉”。

②伯牙：古代善于弹琴的人。六马：古代天子的车驾用六匹马拉，此处指拉车的马。秣mò：牲口的饲料。

③崖：岸边。

## 译文

从前瓠巴鼓瑟而水底的鱼都浮出水面来听，伯牙弹琴而拉车的六匹马都仰头停食来听。所以声音没有小得听不见的，行动没有隐蔽得不显露的；宝玉藏在山上，山上的草木都会滋润，深潭里生出珍珠，岸边就不干枯。是善行没有积累起来吧！否则，哪有不被人知道的呢？

学恶乎始？恶乎终？曰：其数则始乎诵经[①]，终乎读礼；其义则始乎为士，终乎为圣人。真积力久则入，学至乎没而后止也[②]。故学数有终，若其义则不可须臾舍也。为之，人也；舍之，禽兽也。故《书》者[③]，政事之纪也；《诗》者，中声之所止也[④]；《礼》者[⑤]，法之大分、类之纲纪也[⑥]，故学至乎《礼》而止矣。夫是之谓道德之极。《礼》之敬文也[7]，《乐》之中和也[8]，《诗》《书》之博也，《春秋》之微也[9]，在天地之间者毕矣。

**注释**

①数：学习的顺序、步骤。

②没：通“殁”，死。

③《书》：《尚书》，又称《书经》。

④中声：和谐的音乐。止：存。

⑤《礼》：《礼经》，是古代讲礼节的经典，常指《仪礼》而言。

⑥大分fèn：要领，总纲。类：条例。

⑦文：文采，花纹，引申指各种礼节仪式。

⑧《乐》：《乐经》，已佚。

⑨《春秋》：春秋时鲁国史官记载当时史事的编年体史书，后由孔子修订。微：精深隐微。

**译文**

学习从哪里开始？到哪里结束？回答说：从学习的步骤来说，是从诵读《书》《诗》等经典开始，到阅读《礼》结束；从学习的意义来说，是从做士开始，到成为圣人结束。诚心积累，长期用功，就能深入，学习要到老死然后才能停止。所以从学习的步骤来说，是有终点的；但如果从学习的意义来说，学习是不能停止片刻的。致力于学习，就是人；放弃学习，就是禽兽。《尚书》，是政事的记录；《诗》，是和谐音乐的抒写；《礼》，是法的要领、条例的总纲。所以学到《礼》就停止了。这就叫作道德的顶点。《礼》的肃敬而有文饰，《乐》的中正和谐，《诗》《书》的博大，《春秋》的隐微，天地之间的道理全部包括在这些典籍中了。

君子之学也，入乎耳，箸乎心[①]，布乎四体[②]，形乎动静，端而言[③]，蠕而动[④]，一可以为法则。小人之学也，入乎耳，出乎口。口、耳之间则四寸耳[⑤]，曷足以美七尺之躯哉？古之学者为己，今之学者为人。君子之学也，以美其身；小人之学也，以为禽犊。故不问而告谓之傲[⑥]，问一而告二谓之囋[⑦]。傲，非也；囋，非也；君子如向矣[⑧]。

**注释**

①箸：通“著”，显明。

②布：分布。四体：四肢。

③端：通“喘”，小声说话。

④蠕：虫类爬行的样子，微动的样子。

⑤则：只，仅。

⑥傲：急躁。

⑦囋zá：多言，唠叨。

⑧向：通“响”，回声。

**译文**

君子的学习，听到耳朵里，铭记在心中，灌注于全身，表现在举止上，他细微的一言一行，都可以成为别人效法的榜样。小人的学习，听到耳朵里，从口中说出来。口、耳之间只有四寸罢了，怎么足够用来完善七尺长的身躯呢？古代的学者是为了提高自己而学习，现在的学者是为了给别人看而学习。君子的学习，是用来完善自己的身心；小人的学习，只是把学问当作家禽、小牛之类的礼物去讨人好评。所以别人没有发问就去告诉他叫作急躁，别人问一件事却告诉他两件事叫作多言。急躁，不对；多言，也不对；君子回答别人，就像回声一样。

学莫便乎近其人。《礼》《乐》法而不说，《诗》《书》故而不切，《春秋》约而不速。方其人之习君子之说[①]，则尊以遍矣[②]，周于世矣。故曰学莫便乎近其人。学之经莫速乎好其人[③]，隆礼次之。上不能好其人，下不能隆礼，安特将学杂识志[④]，顺《诗》《书》而已耳，则末世穷年，不免为陋儒而已。将原先王，本仁义，则礼正其经纬蹊径也[⑤]。若挈裘领，诎五指而顿之[⑥]，顺者不可胜数也。不道礼、宪，以《诗》《书》为之，譬之犹以指测河也，以戈舂黍也，以锥飡壶也[7]，不可以得之矣。故隆礼，虽未明，法士也；不隆礼，虽察辩，散儒也。问楛者勿告也[8]，告楛者勿问也，说楛者勿听也，有争气者勿与辩也。故必由其道至，然后接之，非其道则避之。故礼恭而后可与言道之方，辞顺而后可与言道之理，色从而后可与言道之致。故未可与言而言谓之傲，可与言而不言谓之隐，不观气色而言谓之瞽[9]。故君子不傲、不隐、不瞽，谨顺其身。《诗》曰[10]：“匪交匪舒[11]，天子所予。”此之谓也。

**注释**

①方：通“仿”，仿效。

②以：而。

③经：通“径”，途径。

④安：语助词。特：只。识：了解。

⑤经纬：纵横的道路，南北向的叫经，东西向的叫纬。蹊xī径：小路。

⑥诎：同“屈”，弯曲。顿：上下抖动使整齐。

⑦飡：同“餐”。

⑧楛kǔ：粗劣，此处指粗野恶劣而不合礼法的事情。

⑨瞽gǔ：盲目。

⑩引诗见《诗经·小雅·采菽》。

⑪匪：同“非”，不。交：通“绞”，急迫。

## 译文

学习没有比接近良师更方便的了。《礼》《乐》讲法度而没有详细解说,《诗》《书》记载旧事而不切近现实,《春秋》文辞简约而不易迅速了解。仿效良师而学习君子的学说，就能崇高而广博，也能通晓世事了。所以说：学习没有比接近良师更方便的了。学习的途径没有比心悦诚服地受教于良师收效更快的了，其次是尊崇礼仪。如果上不能对良师心悦诚服，下不能尊崇礼仪，而只是了解一些杂乱的知识、读通《诗》《书》的文字罢了，那么穷其一生，也不过是个浅陋的儒生而已。想要追溯先王的道德，探求仁义的根本，那么礼正是最便捷的途径。这就像提起皮衣的领子，弯着五指去抖动它一样，那被理顺的裘毛就数不清了。不遵行礼仪，而只依凭《诗》《书》来行事，打个比方来说，就像用手指去测量河水的深浅，用长戈去舂捣黍子，用锥子到饭壶中吃饭一样，是不能达到目的的。所以，尊崇礼仪，即使不能明了其中精义，不失为一个礼法之士；不尊崇礼仪，即使明察善辩，也只是一个散漫的儒生。问不合礼法之事的人不要告诉他，告诉你不合礼法之事的人不要去问他，谈论不合礼法之事的人不要去听他，争强好胜的人不要和他争辩。所以必须遵循礼义之道来请教，然后才接待他，如果不合乎礼义之道就回避他。所以，礼貌恭敬，然后才可以和他谈论学习道的方法；言辞和顺，然后才可以和他谈论道的内容；面色流露出谦虚顺从，然后才可以和他谈论道的最精深的奥妙。还不能和他说却说了，叫作急躁；可以跟他说却不说，叫作隐瞒；不观察对方的气色就和他说，叫作盲目。所以君子不急躁、不隐瞒、不盲目，谨慎地顺着对方来发言。《诗经》说："不急躁啊不懈怠，这是天子所赞许的。"说的就是这个道理。

百发失一，不足谓善射；千里跬步不至，不足谓善御；伦类不通[①]，仁义不一，不足谓善学。学也者，固学一之也。一出焉，一入焉，涂巷之人也[②]。其善者少，不善者多，桀、纣、盗跖也[③]。全之尽之，然后学者也。君子知夫不全不粹之不足以为美也，故诵数以贯之，思索以通之，为其人以处之，除其害者以持养之，使目非是无欲见也，使耳非是无欲闻也，使口非是无欲言也，使心非是无欲虑也。及至其致好之也，目好之五色，耳好之五声，口好之五味，心利之有天下[④]。是故权利不能倾也，群众不能移也，天下不能荡也。生乎由是，死乎由是，夫是之谓德操。德操然后能定，能定然后能应。能定能应，夫是之谓成人[⑤]。天见其明，地见其光[⑥]，君子贵其全也。

## 注释

①伦类：事物的条理次序。

②涂：通“途”，道路。

③桀：夏朝末代君王。纣：商朝末代君王。跖zhí：相传是春秋战国之际的大盗。

④五色：青、赤、白、黑、黄五种颜色。五声：指宫、商、角、徵、羽五音。五味：指酸、甜、苦、辣、咸五种味道。利：贪。

⑤成人：德才兼备的人，犹完人。

⑥见xiàn：同“现”，显现。光：通“广”。

## 译文

射出一百支箭，有一支没有射中，就不能叫作善于射箭；赶车马走千里的路程，差半步没有走完，就不能叫作善于驾车；事物的条理次序不能贯通，仁义之道不能坚守如一，就不能叫作善于学习。学习，本来就要专一。一会儿不学习，一会儿学习，那是路上的普通人。好的行为少，不好的行为多，那是夏桀、商纣、盗跖那样的人。全面地了解所学的知识，又尽力去实行，然后才能称为学者。君子了解学习不全面不纯粹是不能够称之为完美的，所以反复诵读以求贯通，思考探索以求通晓，效法良师来实践它，去掉有害的东西来保养它，使自己的眼睛不看不应该看的东西，使自己的耳朵不听不应该听的声音，使自己的嘴巴不说不应该说的话，使自己的心里不考虑不应该考虑的事情。等到对学习的爱好到了极点，就像眼睛喜爱五色，耳朵喜爱五声，嘴巴喜爱五味，心里贪图拥有天下一样。因此，权势和财货不能够屈服他，人多势众不能够改变他，整个天下不能够动摇他。活着是这样，到死也是这样，这就叫作道德操守。有这样的道德操守，然后才能坚定不移。能够坚定不移，然后才能应付各种情况。能够坚定不移，又能够应付各种情况，这就叫作完美的人。天显现出它的光明，地显现出它的广阔，君子的可贵在于德行的完美。

# 修　身

**题解**

本篇为《荀子》第二篇，主要讨论了身心修养的问题。修养身心的准则是符合礼义，荀子认为人没有礼就不能生存，事情没有礼就不能成功，国家没有礼就不得安宁。修养身心的方法是：学礼，要求自己按照礼义行事；得到贤能的老师的教导；个人努力，要专心致志，坚持不懈。修养身心有三个层次，即士、君子和圣人。

见善，修然必以自存也①；见不善，愀然必以自省也②。善在身，介然必以自好也③；不善在身，菑然必以自恶也④。故非我而当者，吾师也；是我而当者，吾友也；谄谀我者，吾贼也。故君子隆师而亲友，以致恶其贼。好善无厌，受谏而能诫，虽欲无进，得乎哉！小人反是，致乱而恶人之非己也，致不肖而欲人之贤己也，心如虎狼、行如禽兽而又恶人之贼己也。谄谀者亲，谏争者疏，修正为笑，至忠为贼，虽欲无灭亡，得乎哉！《诗》曰⑤："噏噏呰呰⑥，亦孔之哀⑦。谋之其臧，则具是违；谋之不臧，则具是依。"此之谓也。

## 注释

①修然：整饬的样子。

②愀qiǎo然：忧愁的样子。

③介然：专一，坚定不移的样子。

④菑zāi：同“灾”，灾害，灾难。

⑤引诗见《诗经·小雅·小旻》。

⑥噏xī噏：形容众口附和。呰zǐ：通“訾”，诋毁。

⑦孔：甚，很。

## 译文

看到美好的行为，一定要认真检查自身来使自己也拥有；看到不好的行为，一定要心怀忧虑地来反省自己。美好的品行在自己身上，一定要坚定不移地喜爱自己；不好的品行在自己身上，一定要像受到灾害似的憎恨自己。所以批评我而批评得恰当的人，是我的老师；肯定我而肯定得恰当的人，是我的朋友；迎合谄媚我的人，是害我的贼人。君子尊崇老师、亲近朋友，而极其憎恨贼人。爱好美好的行为而不满足，受到规劝就能够警惕，即使不想进步，可能吗？小人与此相反，自己行为极其混乱，却憎恨别人对自己的批评；自己极其无能，却想要别人说自己贤能；自己的心像虎狼一样，行为像禽兽一样，却又憎恨别人把自己当作贼人。迎合谄媚自己的就亲近，直言规劝自己的就疏远，把美好正直的话当作笑柄，把极其忠诚的行为看成祸害，这样的人即使不想灭亡，可能吗？《诗经》说：“又附和又诋毁，真是令人很悲哀。建议本来很完美，偏偏全部都违背；建议本来并不好，反而全部都依从。”就是说的这种人。

扁善之度[①]，以治气养生则后彭祖[②]，以修身自名则配尧、禹[③]。宜于时通[④]，利以处穷，礼信是也[⑤]。凡用血气、志意、知虑，由礼则治通，不由礼则勃乱提僈[⑥]；食饮、衣服、居处、动静，由礼则和节，不由礼则触陷生疾；容貌、态度、进退、趋行，由礼则雅，不由礼则夷固僻违[⑦]，庸众而野。故人无礼则不生，事无礼则不成，国家无礼则不宁。《诗》曰[⑧]：“礼仪卒度，笑语卒获[⑨]。”此之谓也。

**注释**

①扁：通“遍”，普遍，全部。度：法度，规范。

②“后”前应补一“身”字。彭祖：尧臣，名籛铿，封于彭城，传说他活了八百岁。

③名：当作“强”。“配”前应补一“名”字。尧：传说中古帝陶唐氏之号。禹：夏后氏部落首领，夏王朝的创立者。

④时：处。

⑤信：真，确实。

⑥勃：通"悖"，乖戾，乱。提：通"偍tí""媞tí"，舒缓，弛缓。僈màn：怠惰，懈怠。

⑦夷固：倨傲，傲慢。僻违：邪僻不正。

⑧引诗见《诗经·小雅·楚茨》。

⑨卒：尽，都。获：适宜。

**译文**

无往而不善的法度，用来调养血气、保养身体，就能使寿命承继彭祖；用来修身自强，就能使名声和尧、禹相媲美。既适宜立身于显达之时，又有利于处世穷困之中，礼确实如此。凡是使用感情、意志、思虑的时候，遵循礼就和顺通达，不遵循礼就乖戾混乱、弛缓怠惰；在吃喝、穿衣、居住、活动或休息的时候，遵循礼就和谐适度，不遵循礼就会触犯禁忌而生病；在容貌、态度、进退、行走方面，遵循礼就会温文尔雅，不遵循礼就会傲慢邪僻，像一般人一样粗野。所以人没有礼就不能生存，做事没有礼就不能成功，国家没有礼就不得安宁。《诗经》说："礼仪完全合法度，谈笑完全合时宜。"说的就是这个道理。



以善先人者谓之教，以善和人者谓之顺；以不善先人者谓之谄，以不善和人者谓之谀。是是、非非谓之知，非是、是非谓之愚。伤良曰谗，害良曰贼。

是谓是、非谓非曰直。窃货曰盗，匿行曰诈，易言曰诞，趣舍无定谓之无常[①]，保利弃义谓之至贼。多闻曰博，少闻曰浅；多见曰闲[②]，少见曰陋。难进曰偍，易忘曰漏。少而理曰治，多而乱曰秏[③]。

**注释**

①趣舍：取舍。趣，通“取”。

②闲：习惯。

③秏 mào：通“眊”，昏昧不明，昏乱。

**译文**

用美好的言行来引导别人叫作教化，用美好的言行来附和别人叫作顺应；用不好的言行来引导别人叫作谄媚，用不好的言行来附和别人叫作阿谀。以是为是、以非为非叫作明智，以是为非、以非为是叫作愚蠢。中伤好人叫作谗毁，陷害好人叫作残害。对的就说对、错的就说错叫作正直。偷窃财物叫作盗窃，隐匿行为叫作欺诈，轻易乱说叫作荒诞，取舍没有定规叫作无常，为了保住利益而舍弃道义叫作大贼。听闻多叫作渊博，听闻少叫作浅薄。见识多叫作熟习，见识少叫作鄙陋。难以前进叫作弛缓，容易忘记叫作遗漏。事情少而有条理叫作安定，事情多而混乱叫作昏乱。

治气养心之术：血气刚强，则柔之以调和；知虑渐深[①]，则一之以易良；勇胆猛戾，则辅之以道顺[②]；齐给便利[③]，则节之以动止；狭隘褊小，则廓之以广大；卑湿、重迟、贪利[④]，则抗之以高志；庸众驽散，则劫之以师友；怠慢僄弃[⑤]，则炤之以祸灾[⑥]；愚款端悫[⑦]，则合之以礼乐，通之以思索。凡治气养心之术，莫径由礼[⑧]，莫要得师，莫神一好。夫是之谓治气养心之术也。

**注释**

①知：同“智”。渐：通“潜”。

②道：教导。顺：通“训”。

③齐jì给：敏捷，快速。便利：敏捷，灵活。

④卑湿：志意卑下，意志低下消沉。重迟：迟钝，迟缓，很不敏捷。

⑤僄piào弃：轻忽抛弃。

⑥炤：同“昭”，使明白。

⑦愚款：单纯，朴实。悫què：恭谨，朴实。

⑧径：迅捷，疾速。



**译文**

理气养心的方法是：血气刚强的人，就用心平气和来柔化他；思虑过于深沉的人，就用平易良善来同化他；勇敢大胆、凶猛暴戾的人，就用训导来辅助他；行动敏捷的人，就用举止安静来节制他；心胸狭隘、气量很小的人，就用宽宏大度来扩充他；卑下迟钝、贪求利益的人，就用高远的志向来激励他；庸俗平凡、低劣不成材的人，就用良师益友来改造他；懈怠轻忽、自暴自弃的人，就用灾祸来使他明白；单纯朴实、正直恭谨的人，就用礼乐来协调他，用思考探求来疏导他。凡是理气养心的方法，没有比遵循礼更快速的了，没有比得到贤师更重要的了，没有比专一爱好更神妙的了。这就是理气养心的方法。

志意修则骄富贵，道义重则轻王公，内省而外物轻矣。传曰："君子役物，小人役于物。"此之谓矣。身劳而心安，为之；利少而义多，为之；事乱君而通，不如事穷君而顺焉。故良农不为水旱不耕，良贾不为折阅不市[①]，士君子不为贫穷怠乎道。

**注释**

①折shé：亏损。阅：卖。

**译文**

思想美好就能轻视富贵，看重道义就能轻视王公，注重内心的反省就能看轻外物。古书上说："君子役使外物，小人被外物所役使。"说的就是这个道理。身体劳累而内心安定的事，就去做；利益少而道义多的事，就去做；侍奉昏乱的君主而显达，不如侍奉困厄的君主而顺行道义。所以好的农夫不会因为水灾旱灾而不耕种，好的商人不会因为亏损而不做买卖，士人和君子不会因为贫穷困厄而怠慢道义。

体恭敬而心忠信，术礼义而情爱人①，横行天下，虽困四夷，人莫不贵。劳苦之事则争先，饶乐之事则能让，端悫诚信，拘守而详，横行天下，虽困四夷，人莫不任。体倨固而心执诈②，术顺墨而精杂污③，横行天下，虽达四方，人莫不贱。劳苦之事则偷儒转脱④，饶乐之事则佞兑而不曲⑤，辟违而不悫⑥，程役而不录⑦，横行天下，虽达四方，人莫不弃。

**注释**

①术：通"述"，遵循，依照。

②执：当为"势"字之误，与"诈"义相近。

③顺：当作"慎"，指慎到，战国中期赵国人，主张势治。墨：指墨翟，春秋战国之际宋国或鲁国人，墨家的创始人，主张"兼爱""非攻""尚贤""尚同""天志""明鬼""非命""非

乐”“节用”“节葬”。

④偷儒：苟且懒惰。儒，通“懦”，指怕事。转脱：婉转推脱，取巧逃避。

⑤佞nìng兑：亦作“佞说”“佞悦”，谄谀取悦。一说，兑通“锐”，佞锐指善于谄谀，口才和行动便捷。

⑥辟违：同“僻违”。

⑦程役：通“逞欲”。录：检束。

**译文**

外貌恭敬而内心忠诚信实，遵从礼义而性情仁爱，这样的人走遍天下，即使困厄在四方少数民族地区，人们也没有不敬重他们的。劳累辛苦的事抢先去做，闲适安乐的事却能让给别人，正直淳朴，忠诚信实，严守礼法而审慎，这样的人走遍天下，即使困厄在四方少数民族地区，人们也没有不信任他们的。外貌傲慢固陋而内心险恶诡诈，遵从慎到、墨翟的学说而性情驳杂污秽，这样的人走遍天下，即使显达于四方，人们也没有不鄙视他们的。劳累辛苦的事就苟且懒惰，取巧逃避，闲适安乐的事就口齿伶俐地去争抢而不谦让，邪僻不正而不恭谨，放纵欲望而不检束，这样的人走遍天下，即使显达于四方，人们也没有不厌弃他们的。

行而供冀[①]，非渍淖也[②]；行而俯项，非击戾也[③]；偶视而先俯，非恐惧也。然夫士欲独修其身，不以得罪于比俗之人也[④]。

**注释**

①供：通“恭”。冀：当作“翼”字，敬。

②淖nào：烂泥，泥沼。

③击戾：抵触，乖忤。

④比俗：流俗，世俗。

**译文**

走路时恭恭敬敬，不是害怕沾染烂泥；走路时低着头，不是害怕触碰到东西；与别人对视先低下头，并不是害怕对方。这样看来，那些士人只是想要独自修养自己的身心，不是害怕得罪世俗中的人。

夫骥一日而千里，驽马十驾则亦及之矣。将以穷无穷、逐无极与？其折骨绝筋，终身不可以相及也。将有所止之，则千里虽远，亦或迟或速、或先或后，胡为乎其不可以相及也？不识步道者，将以穷无穷、逐无极与？意亦有所止之与[①]？夫坚白、同异、有厚无厚之察[2]，非不察也，然而君子不辩，止之也；倚魁之行[3]，非不难也，然而君子不行，止之也。故学曰："迟彼止而待我，我行而就之，则亦或迟或速、或先或后，胡为乎其不可以同至也？"故跬步而不休，跛鳖千里；累土而不辍，丘山崇成[4]；厌其源[5]，开其渎，江河可竭；一进一退，一左一右，六骥不致。彼人之才性之相县也[6]，岂若跛鳖之与六骥足哉？然而跛鳖致之，六骥不致，是无他故焉，或为之，或不为尔。

**注释**

①意：同"抑"，或者，还是。

②坚白：指石头的坚硬和白色两种属性。战国时期公孙龙提出"离坚白"之说，认为坚硬和白色是各自独立、互相分离的两种属性，参见《公孙龙子·坚白论》。后期墨家则主张"坚白相盈"，《墨经·经上》讲："坚白，不相外也。"《经说下》讲："无坚得白，必相盈也。"认为坚硬和白色是石头的统一属性。同异：战国时期惠施的论题，他认为事物的同异是相对的，"大同"和"小同"有差异，叫作"小同异"，万物又莫不"毕同""毕异"，这叫作"大同异"，参见《庄子·天下》。有厚无厚：惠施提出的哲学命题。他说："无厚不可积也，其大千里。"认为没有厚度的东西是不能累积的，但面积却可以

大至千里，参见《庄子·天下》。一说“有厚无厚”是春秋时期邓析的命题。

③倚魁：通“奇傀guī”，怪僻，独特而不合于俗。

④崇：通“终”，最终，终究。

⑤厌yā：同“压”，堵塞。

⑥县：同“悬”，差别悬殊。

**译文**

骏马一天能跑千里路，劣马跑十天也能达到。想要走尽没有穷尽的路途、追逐那无限的目标吗？那么就是跑断了筋骨，一辈子也不能达到。如果有一个限度，那么千里的路程虽然很远，也就是有的慢些、有的快些，有的先到、有的后到，怎么不能达到这个终点呢？不知那行路的人是要穷尽那无穷的路途、追逐那无限的目标呢？还是也有个限度呢？那些对“坚白”“同异”“有厚无厚”等命题的考察，不是不明察，然而君子不参加辩论，是因为有个限度。那些怪僻的行为，做起来不是不难，然而君子不去做，也是因为有个限度。所以学者们说：“我落后了，他们停下来等我，我赶上去接近他们，那也就不过是有的慢些、有的快些，有的先到、有的后到，怎么不能同样到达终点呢？”所以一步一步不停地走，瘸腿的甲鱼也能走一千里；堆积泥土不中断，山丘终究能堆成；堵塞那水源，开通那沟渠，长江黄河也会枯竭；一会儿前进，一会儿后退，一会儿向左，一会儿向右，就是六匹骏马拉车也不能到达终点。至于人与人才能禀赋的差别，难道会像瘸腿的甲鱼和六匹骏马那样悬殊吗？然而，瘸腿的甲鱼能够到达终点，六匹骏马却不能到达，这没有其他的原因，只是一个去做一个不去做罢了！

道虽迩，不行不至；事虽小，不为不成。其为人也多暇日者[①]，其出入不远矣[②]。

**注释**

①多暇日者：空闲日子很多的人，指极其懒惰的人。

②入：疑为“人”。

**译文**

路程即使很近，但不走就不能到达；事情即使很小，但不做就不能成功。那些空闲日子很多的人，他们即使能超出别人，也决不会很远。

好法而行，士也；笃志而体[①]，君子也；齐明而不竭[②]，圣人也。人无法，则伥伥然[③]；有法而无志其义[④]，则渠渠然[⑤]；依乎法而又深其类，然后温温然[⑥]。

## 注释

①体：施行，实行。

②齐jì明：敏捷明智。竭：穷尽。

③伥chāng伥然：无所适从的样子。

④志：识，知。

⑤渠jù渠然：局促不安的样子。渠，通“遽”。

⑥温温然：轻松自如的样子。

## 译文

爱好礼法而尽力遵行的，是士；意志坚定而努力施行的，是君子；敏捷明智而又永不枯竭的，是圣人。人没有礼法，就会无所适从；有了礼法而不了解它的道理，就会局促不安；遵循礼法而又能深入了解它的具体准则，然后才能轻松自如。

礼者，所以正身也；师者，所以正礼也。无礼，何以正身？无师，吾安知礼之为是也？礼然而然，则是情安礼也；师云而云，则是知若师也。情安礼，知若师，则是圣人也。故非礼，是无法也；非师，是无师也。不是师法而好自用，譬之是犹以盲辨色、以聋辨声也，舍乱妄无为也。故学也者，礼法也。夫师，以身为正仪而贵自安者也[①]。《诗》云[②]：“不识不知，顺帝之则。”此之谓也。

**注释**

①正仪：正确的准则，榜样。

②引诗见《诗经·大雅·皇矣》。

**译文**

礼，是用来端正身心的；老师，是用来正确阐明礼的。没有礼，用什么来端正身心呢？没有老师，我哪能知道礼是这样的呢？礼是这样规定的就这样做，这是感情安于礼；老师怎样说就怎样说，这是智识如同老师。感情安于礼，智识如同老师，这就是圣人。所以违背礼，就是没有法度；违背老师，就是没有老师。不赞同老师和法度而喜欢自行其是，打个比方，就好像让瞎子来辨别颜色、让聋子来辨别声音，除了胡说妄为之外什么也做不了。所以学习，就是学习礼法。老师，就是以身作则又重视自己安守礼法的人。《诗经》说：“不懂又不知，顺从上帝的法则。”说的就是这种情况。

端悫顺弟[①]，则可谓善少者矣；加好学逊敏焉，则有钧无上[②]，可以为君子者矣。偷儒惮事，无廉耻而嗜乎饮食，则可谓恶少者矣；加愓悍而不顺[③]，险贼而不弟焉，则可谓不详少者矣[④]，虽陷刑戮可也。

老老而壮者归焉，不穷穷而通者积焉，行乎冥冥而施乎无报，而贤不肖一焉。人有此三行，虽有大过，天其不遂乎！

**注释**

①弟tì：同“悌”，敬爱兄长。

②钧：通“均”，相等。

③愓dàng：豪放，放荡。悍：放荡，凶悍。

④详：通“祥”。

**译文**

正直恭谨敬爱兄长，就可以称为好少年了；再加上好学谦虚敏捷，那就只有和他平等的人，而没有超过他的人了，这种人就可以称为君子了。苟且懒惰、胆小怕事，没有廉耻而贪图吃喝，就可以称为坏少年了；再加上放荡凶悍而不顺从礼法，阴险奸诈而不敬爱兄长，就可以称为不祥的少年了，这种人即使遭受刑罚杀戮也是可以的。敬重老人，那么壮年人就会来归附了；不轻视、侮辱处于困境的人，那么显达的人就会会聚过来；暗中做好事，施舍不求回报，那么贤能和无能的人都会聚拢来了。人有了这三种品行，即使有大的过失，上天难道不会成全他吗？

君子之求利也略，其远害也早，其避辱也惧，其行道理也勇。君子贫穷而志广，富贵而体恭，安燕而血气不惰[1]，劳倦而容貌不枯，怒不过夺[2]，喜不过予[3]。君子贫穷而志广，隆仁也；富贵而体恭，杀势也[4]；安燕而血气不惰，柬理也[5]；劳倦而容貌不枯，好交也[6]；怒不过夺，喜不过予，是法胜私也。《书》曰[7]："无有作好，遵王之道；无有作恶，遵王之路。"此言君子之能以公义胜私欲也。

**注释**

①安燕：安逸。

②夺：剥夺，引申为惩罚。

③予：赐予，引申为赏赐。

④杀shài：减少，减弱。

⑤柬：选择，挑选。

⑥交：当作"文"，指礼仪。

⑦引文见《尚书·洪范》。

**译文**

君子对于追求利益是忽略的，对于远离祸害是早有预见的，对于避免耻辱是戒惧的，对于奉行道理是勇敢的。君子贫穷困窘但志向远大，富裕高贵但体貌恭敬，安逸但精神并不懈怠，疲倦但容貌并不憔悴，愤怒也不过分地惩罚别人，高兴也不过分地赏赐别人。君子贫穷困窘但志向远大，是因为尊崇仁德；富裕高贵但体貌恭敬，是因为他要减弱威势；安逸但精神不懈怠，是因为他选择了合理的事去做；疲倦但容貌不憔悴，是因为他爱好礼仪；愤怒也不过分地惩罚别人，高兴也不过分地赏赐别人，这是因为他奉行法度胜过了私情。《尚书》说："不要有所偏好，要遵循先王的大道；不要有所偏恶，要遵循先王的正路。"这是说君子能用公正的义理来战胜个人的欲望。

# 非十二子

**题解**

本篇为《荀子》第六篇，是全面总结先秦诸子流派及其学说的文章，在中国思想史上有着非常重要的价值。文中主要列举了六种学说、十二个代表人物，并逐一进行了评论和批判，主张上应效法舜、禹的制度，下应效法仲尼、子弓的道义，务必消除这十二人的学说。在此基础上，荀子提出了自己的政治理想，并对“士君子”的思想和行为标准作出了要求，批评了子张氏、子夏氏、子游氏等儒者。

假今之世①，饰邪说，文奸言，以枭乱天下②，矞宇嵬琐③，使天下混然不知是非治乱之所存者有人矣。

**注释**

①假：凭借。

②枭：通“挠”，干扰。

③矞宇：谲诡。矞，通“谲jué”，诡诈。宇，当读为“讦xū”，虚夸诡诈。嵬wéi琐：险诈奸邪。嵬，狂妄，险诈。琐，形容人品卑劣，猥琐。

**译文**

凭借当今的世道，粉饰邪恶的说法，美化奸诈的言论，用来扰乱天下，诡诈虚夸、狂险奸邪，使天下人混乱而不了解是和非、治和乱的根本所在，这样的人大有人在。

纵情性，安恣睢[①]，禽兽行，不足以合文通治；然而其持之有故，其言之成理，足以欺惑愚众，是它嚣、魏牟也[②]。

**注释**

①恣睢suī：放纵暴戾，任意胡为。

②它嚣：人名，生平无从考证。魏牟：战国时魏国的公子牟。

**译文**

放纵情性，习惯于任意胡为，行为如同禽兽，不能够符合礼仪而通于治道；但是他们立论有根据，解说合乎道理，足以欺骗、迷惑愚昧的百姓。它嚣、魏牟就是这样的人。

忍情性，綦谿利跂[①]，苟以分异人为高[②]，不足以合大众、明大分；然而其持之有故，其言之成理，足以欺惑愚众，是陈仲、史䲡也[③]。

**注释**

①綦谿qí xī：极深。利跂：离世独立，超出凡俗。利，通“离”。

②分异人：与众不同。

③陈仲：又称田仲、陈仲子，战国时齐国人，以廉洁清高著称，他的兄长在齐国做官，可他认为兄长的俸禄是不义之财而不肯吃，认为兄长的房子是不义之产而不肯住。史䲡qiū：又称史鱼，春秋时卫国大夫，屡次劝谏卫灵公，灵公不听，临死嘱咐儿子不要入殓，以尸谏灵公。

**译文**

抑制情性，用心极其深沉，行为极其孤僻，以与众不同为高明，不能团结众人，不能彰明等级名分；但是他们立论有根据，解说合乎道理，足以欺骗、迷惑愚昧的百姓。陈仲、史䲡就是这样的人。

不知一天下、建国家之权称[1]，上功用[2]，大俭约而僈差等[3]，曾不足以容辨异、县君臣；然而其持之有故，其言之成理，足以欺惑愚众，是墨翟、宋钘也[4]。

**注释**

①权称chèng：指法度，准则。权，秤。称，同“秤”。

②上：通“尚”，崇尚，看重。

③大：重。僈màn：轻视，轻慢。

④宋钘jiān：又称宋牼、宋荣子，战国时宋国人，主张“见侮不辱”“禁攻寝兵”“情欲寡浅”。

**译文**

不懂得统一天下、建立国家的法度，崇尚功效实用，重视节俭而轻视等级差别，甚至不能容许人与人间有分别、君臣之间有悬殊；但是他们立论有根据，解说合乎道理，足以欺骗、迷惑愚昧的百姓。墨翟、宋钘就是这样的人。



尚法而无法，下修而好作，上则取听于上，下则取从于俗，终日言成文典，反紃察之[1]，则倜然无所归宿[②]，不可以经国定分；然而其持之有故，其言之成理，足以欺惑愚众，是慎到、田骈也[③]。

**注释**

①紃xún察：循省审察。紃，通“循”。

②倜tì然：迂远、迂阔的样子，不切合实际。

③田骈pián：战国时齐国人，曾在稷下学宫讲学，能言善辩。

**译文**

崇尚法治却没有确定的法度，不遵循法度而喜欢倡言新说，对上就听从君主，对下就顺从世俗，整日谈论法律条文，反复循省审察，却都不切合实际没有着落，不能用来治理国家、确定名分；但是他们立论有根据，解说合乎道理，足以欺骗、迷惑愚昧的百姓。慎到、田骈就是这样的人。

不法先王，不是礼义，而好治怪说，玩琦辞[①]，甚察而不惠[②]，辩而无用，多事而寡功，不可以为治纲纪；然而其持之有故，其言之成理，足以欺惑愚众，是惠施、邓析也[③]。

## 注释

①琦：通“奇”，奇异。

②惠：恩惠，好处。一说当为“急”。

③邓析：春秋末期郑国大夫，与子产同时，他不满子产所铸刑书而私造“竹刑”，有“两可说”。

## 译文

不效法先王，不赞成礼义，而喜欢钻研怪诞的学说，玩弄奇异的词语，非常明察但没有好处，能言善辩但没有用处，做事很多但功效却很少，不能作为治国的纲领；但是他们立论有根据，解说合乎道理，足以欺骗、迷惑愚昧的百姓。惠施、邓析就是这样的人。

略法先王而不知其统，犹然而材剧志大[①]，闻见杂博。案往旧造说[②]，谓之“五行”[③]，甚僻违而无类[④]，幽隐而无说，闭约而无解。案饰其辞而祗敬之曰[⑤]：此真先君子之言也。子思唱之[⑥]，孟轲和之[⑦]，世俗之沟犹瞀儒[⑧]，嚾嚾然不知其所非也[⑨]，遂受而传之，以为仲尼、子游为兹厚于后世[⑩]，是则子思、孟轲之罪也。

## 注释

①犹然而：当作“然而犹”。材：通“才”。剧：繁多。

②案：通“按”。

③五行：指仁、义、礼、智、信。

④类：法则。

⑤案：语助词。祗zhī：恭敬。

⑥子思：孔子的孙子，名伋jí，字子思。唱：同“倡”，倡导。

⑦孟轲：即孟子，战国中期邹国人，被尊为“亚圣”，著有《孟子》，主张“人性善”，认为人心有“仁之端”“义之端”“礼之端”“智之端”。

⑧沟kòu犹瞀mào：愚昧无知。犹，疑为衍文。

⑨嚾huān嚾然：喧嚣的样子。

⑩子游：当为“子弓”之误。

## 译文

大致上效法先王却不了解他们的纲领，然而还一副才华横溢、志向远大、见闻丰富广博的样子。根据往古旧说来编造新说，叫作“五行”，非常邪僻不正而不合法则，幽深隐微而没有讲说，晦涩缠结而无从解释，却粉饰他们的言论而恭敬地说：这才真正是先师孔子的言论啊。子思倡导，孟轲附和，世俗中那些愚昧无知的儒生吵吵嚷嚷却不知道他们的错误，于是就接受了这种学说并传授它，还以为孔子、子弓就是因为这些学说而被后代所重视。这就是子思和孟轲的罪过。

若夫总方略，齐言行，壹统类，而群天下之英杰而告之以大古[①]，教之以至顺[②]，奥窔之间[③]，簟席之上[④]，敛然圣王之文章具焉[⑤]，佛然平世之俗起焉[⑥]，则六说者不能入也，十二子者不能亲也，无置锥之地而王公不能与之争名，在一大夫之位则一君不能独畜[⑦]，一国不能独容，成名况乎诸侯[⑧]，莫不愿以为臣。是圣人之不得势者也，仲尼、子弓是也。

**注释**

①大古：即太古。

②顺：理。

③奥：屋子里的西南角。窔yào：屋子里的东南角。

④簟diàn：竹席。

⑤敛然：聚集的样子。文章：礼乐法度。

⑥佛bó：通“勃”，勃然兴起的样子。平世：太平之世，与“乱世”相对。

⑦畜：养，任用。

⑧成：通“盛”。况：比。

**译文**

至于总括治国的方针策略，齐同人们的言论行动，统一治国的纲纪和条例，从而集合天下才智杰出的人，告诉他们上古帝王的业绩，教导他们最正确的道理；在室堂之内、竹席之上，圣王的礼乐法度具备于此，太平之世的风俗勃然兴起于此。上述六种学说不能侵入，十二子不能接近。虽然没有立锥之地，但天子诸侯不能同他竞争名望；虽然只是处在一个大夫的职位上，但一个诸侯国的国君不能单独任用他，一个诸侯国不能单独容纳他，他的盛名比同于诸侯，各国诸侯没有不愿意让他来当自己臣子的。这是圣人中没有得到权势的人，孔子、子弓就是这样的人。

一天下，财万物[①]，长养人民，兼利天下，通达之属，莫不从服，六说者立息，十二子者迁化，则圣人之得势者，舜、禹是也。

**注释**

①财：通“裁”，裁制，管理，利用。

**译文**

统一天下，管理万物，养育人民，使天下人都得到好处，凡是到达的地方，没有人不服从，上述六种学说立刻销声匿迹，十二个人也随之发生变化。这是圣人中得到权势的人，舜、禹就是这样的人。

今夫仁人也，将何务哉？上则法舜、禹之制，下则法仲尼、子弓之义，以务息十二子之说。如是则天下之害除、仁人之事毕、圣王之迹著矣。

**译文**

当今的仁人该致力于什么呢？上应效法舜、禹的制度，下应效法仲尼、子弓的道义，从而务必消除上述十二人的学说。像这样，那么天下的祸害消灭了，仁人的任务就完成了，圣王的事迹也就彰明了。

信信，信也；疑疑，亦信也。贵贤，仁也；贱不肖，亦仁也。言而当，知也；默而当，亦知也。故知默犹知言也。故多言而类，圣人也；少言而法，君子也；多少无法而流湎然[①]，虽辩，小人也。故劳力而不当民务谓之奸事，劳知而不律先王谓之奸心[②]，辩说譬谕、齐给便利而不顺礼义谓之奸说。此三奸者，圣王之所禁也。知而险，贼而神，为诈而巧[③]，言无用而辩，辩不惠而察，治之大殃也。行辟而坚[④]，饰非而好，玩奸而泽，言辩而逆，古之大禁也。知而无法，勇而无惮，察辩而操僻⑤，淫大而用之⑥，好奸而与众，利足而迷，负石而坠，是天下之所弃也。

**注释**

①流湎：沉湎，放纵无度。

②律：遵循，取法。

③为：通“伪”，诡诈。

④辟：邪僻，邪恶。

⑤操僻：行为邪僻。

⑥淫：过分，放荡。大tài：同“汰”，过分，骄奢。之：疑为“乏”。

**译文**

相信可信的，是诚实不欺；怀疑可疑的，也是诚实不欺。尊重贤能，是仁爱；鄙视无能，也是仁爱。说话恰当，是智慧；沉默得恰当，也是智慧。所以懂得怎样沉默和懂得如何说话是一样的。说话多而合于法则，是圣人；说话少而合于法则，是君子；说多说少都不合于法则而沉湎其中，即使能言善辩，也是小人。所以用尽全力而不合于百姓的需求，就叫作奸事；费尽心思而不取法先王，就叫作奸心；善于辩说、比喻，反应敏捷而不遵循礼义，就叫作奸说。这三种奸邪的东西，是圣王所禁止的。聪明而险恶，狠毒而诡秘，诡诈而巧妙，言论没有用处却说理清楚明白，辩说没有好处而明察入微，这些是治国的大祸害。行为邪僻而又很顽固，掩饰错误而十分巧妙，玩弄奸计而十分圆滑，能言善辩而违背常理，这些是古代最为禁忌的。聪明而不守法度，勇敢而肆无忌惮，明察善辩而行为邪僻，荒淫骄奢而资用匮乏，喜欢阴谋诡计而同党众多，这好比贪走捷径而误入迷途、背着石头而坠入深渊，这些都是天下人所厌弃的。

兼服天下之心：高上尊贵不以骄人，聪明圣知不以穷人，齐给速通不争先人，刚毅勇敢不以伤人；不知则问，不能则学，虽能必让，然后为德。遇君则修臣下之义，遇乡则修长幼之义，遇长则修子弟之义，遇友则修礼节辞让之义，遇贱而少者则修告导宽容之义。无不爱也，无不敬也，无与人争也，恢然如天地之苞万物[①]，如是则贤者贵之，不肖者亲之。如是而不服者，则可谓訞怪狡猾之人矣[②]，虽则子弟之中，刑及之而宜。《诗》云[③]：“匪上帝不时，殷不用旧[④]。虽无老成人[⑤]，尚有典刑。曾是莫听，大命以倾[⑥]。”此之谓也。



**注释**

①恢然：广大的样子。苞：通“包”，包容，包含。

②讹yāo怪：妖邪，怪异。讹，通“妖”。

③引诗见《诗经·大雅·荡》。

④殷：商，此指商纣王。

⑤老成人：经历多、做事稳重的大臣。

⑥大命：指国家的命运，政权。倾：倾覆。

**译文**

使天下人信服的方法是：不因高高在上、职位尊贵而傲视别人，不因聪明睿智、通达事理而刁难别人，不因才思敏捷、反应迅速而在别人面前抢先逞能，不因刚强坚毅、勇敢大胆而伤害别人；不知道就请教，不会就学习，即使有能力也一定要谦让，这样才算有道德。面对君主就奉行臣子的道义，面对乡亲就讲求长幼的辈分，面对父母兄长就遵行子弟的规矩，面对朋友就讲求礼节谦让，面对地位低而年纪小的人就实行教导宽容的原则。无所不爱，无所不敬，从不与人争执，心胸开阔得就像天地包容万物那样。像这样，那么贤能的人就会尊重你，无能的人也会亲近你。像这样，如果还不对你信服的，那就可以称为妖邪怪异、诡诈刁钻的人了，即使是你的子弟之中的人，刑罚加到他身上也是应该的。《诗经》说：“并非上帝的过错，是纣王不用旧制度。虽然没有老成之臣，还有法典可依循。竟连这个也不听，王朝因此而倾覆。”说的就是这个道理。

古之所谓士仕者[1]，厚敦者也，合群者也，乐富贵者也，乐分施者也，远罪过者也，务事理者也，羞独富者也。今之所谓士仕者，污漫者也，贼乱者也，恣睢者也，贪利者也，触抵者也，无礼义而唯权势之嗜者也。

**注释**

①士仕：与下“处士”对应，当作“仕士”。

**译文**

古代所说的做官的士人，是朴实厚道的人，是团结群众的人，是乐于富贵的人，是乐于施舍的人，是远离罪过的人，是致力于研究事理的人，是羞于独自富裕的人。现在所说的做官的士人，是污秽卑鄙的人，是破坏扰乱的人，是放纵暴戾的人，是贪图私利的人，是触犯法令的人，是不顾礼义而只贪求权势的人。

古之所谓处士者，德盛者也，能静者也，修正者也，知命者也，著是者也。今之所谓处士者，无能而云能者也，无知而云知者也，利心无足而佯无欲者也，行伪险秽而强高言谨悫者也[1]，以不俗为俗，离纵而跂訾者也[2]。

**注释**

①伪：通“为”。

②离纵zōng，指背离常道。纵，通“踪”，踪迹。跂訾：踮起脚跟走路，显示自己与众不同。訾，通“跐cǐ”，走路。

**译文**

古代所说的不做官的士人，是道德高尚的人，是恬淡宁静的人，是善良正直的人，是知晓天命的人，是彰明正义的人。现在所说的不做官的士人，是没有才能而自称有才能的人，是没有智慧而自称有智慧的人，是贪得无厌又假装没有欲望的人，是行为阴险肮脏又自吹谨慎朴实的人，是把不顺从世俗作为自己的习俗、背离常道而显示自己与众不同的人。

士君子之所能不能为：君子能为可贵，不能使人必贵己；能为可信，不能使人必信己；能为可用，不能使人必用己。故君子耻不修[1]，不耻见污；耻不信，不耻不见信；耻不能，不耻不见用。是以不诱于誉，不恐于诽，率道而行，端然正己，不为物倾侧，夫是之谓诚君子。《诗》云[2]：“温温恭人，维德之基。”

此之谓也。

**注释**

①修：善，美好。

②引诗见《诗经·大雅·抑》。

**译文**

士君子所能做到和不能做到的是：君子能够做到可以被人尊重，但不一定使别人尊重自己；能够做到可以被人信任，但不一定使别人信任自己；能够做到可以被人任用，但不一定使别人任用自己。所以君子以品德不好为耻辱，而不以被人污蔑为耻辱；以不诚实为耻辱，而不以不被信任为耻辱；以没有能力为耻辱，而不以不被任用为耻辱。因此，君子能不被荣誉诱惑，也不被诽谤吓倒，遵循道义行事，严肃地端正自己，不被外界事物动摇，这样才叫作真正的君子。《诗经》说："温柔谦恭的人们，是以道德为基础。"说的就是这样的人。

士君子之容：其冠进①，其衣逢②，其容良，俨然③，壮然④，祺然⑤，蕼然⑥，恢恢然⑦，广广然⑧，昭昭然⑨，荡荡然，是父兄之容也。其冠进，其衣逢，其容悫，俭然⑩，恀然⑪，辅然⑫，端然⑬，訾然⑭，洞然⑮，缀缀然⑯，瞀瞀然⑰，是子弟之容也。

## 注释

①进：通“峻”，高。

②逢：大。

③俨然：严肃庄重的样子。

④壮然：庄重的样子。壮，通“庄”。

⑤祺然：安详的样子，安泰无忧的样子。

⑥蕼sì然：宽舒的样子。

⑦恢恢然：宽宏大度的样子。

⑧广广然：空旷、空虚的样子，广，通“旷”。“广广”与“恢恢”均形容心胸开阔，无所不容。

⑨昭昭然：明快爽朗的样子。

⑩俭然：谦逊的样子。

⑪恀shì然：依赖长者的样子。

⑫辅然：亲近的样子。

⑬端然：正直的样子。

⑭訾然：勤勉的样子。訾通“孳”。

⑮洞然：恭敬的样子。

⑯缀缀然：相连缀、不乖离的样子。

⑰瞀mào瞀然：不敢正视的样子，形容拘谨。

## 译文

士君子的仪容是：他的帽子高高，衣服宽大，面容温和，严肃，庄重，安详，宽舒，大度，开阔，爽朗，坦荡，这是做父兄的仪容。帽子高高，衣服宽大，面容恭谨朴实，谦逊，依赖，亲近，正直，勤勉，恭敬，顺从，拘谨，这是做子弟的仪容。

吾语汝学者之嵬容[①]：其冠绕[②]，其缨禁缓[③]，其容简连[④]，填填然[⑤]，狄狄然[⑥]，莫莫然[⑦]，瞡瞡然[⑧]，瞿瞿然[⑨]，尽尽然[⑩]，盱盱然[⑪]，酒食声色之中则瞒瞒然[⑫]，瞑瞑然[⑬]；礼节之中则疾疾然[⑭]，訾訾然[⑮]；劳苦事业之中，则儢儢然[⑯]，离离然[⑰]，偷儒而罔，无廉耻而忍谟询[⑱]，是学者之嵬也。

**注释**

①嵬：通“傀guī”，怪诞，怪异。

②绕：当为“俛fǔ”，“俛”同“俯”。

③缨：系冠的带子。禁：通“紟jīn”，系衣襟的带子。

④简连：傲慢不前的样子。

⑤填填然：满足的样子。

⑥狄狄然：跳跃的样子。狄，通“趯tì”。

⑦莫莫然：昏昧无知的样子。

⑧瞡guī瞡然：见识浅陋的样子。

⑨瞿jù瞿然：惊视不安的样子。

⑩尽尽然：消沉沮丧的样子。

⑪盱xū盱然：张目直视的样子。

⑫瞒瞒然：闭目的样子，形容沉醉。

⑬瞑瞑然：昏暗迷乱的样子。

⑭疾疾然：非常憎恶的样子。

⑮訾訾然：诋毁讥骂的样子。

⑯俿lǚ俿然：懈怠、不尽力的样子。

⑰离离然：懒散疲沓的样子。

⑱谿询xǐ gòu：辱骂。询，通“诟”，骂。

**译文**

我告诉你们那些学者的怪异模样：帽子低低的，帽带和衣带系得很松，面容傲慢，满意自得，浮躁不安，昏昧无知，见识浅陋，惊慌不安，消沉沮丧，张目直视，吃喝玩乐的时候，就沉醉迷乱；行礼节的时候，就面露憎恶，骂骂咧咧；从事辛苦劳动的时候，就懈怠懒散，苟且懒惰而不怕指责，没有廉耻之心而甘受辱骂。这就是那些学者的怪异模样。

弟佗其冠[①]，神禫其辞[②]，禹行而舜趋[③]，是子张氏之贱儒也[④]。正其衣冠，齐其颜色，嗛然而终日不言[⑤]，是子夏氏之贱儒也[⑥]。偷儒惮事，无廉耻而耆饮食[⑦]，必曰君子固不用力，是子游氏之贱儒也[⑧]。彼君子则不然。佚而不惰，劳而不僈，宗原应变，曲得其宜，如是，然后圣人也。

## 注释

①弟tuí佗：颓唐、歪斜的样子。

②神禫dàn：通“冲淡”，平淡。

③禹行而舜趋：传说禹治水时腿瘸了，只能踮着脚走路；舜在父母前总是碎步疾行表示敬意。指仅模仿圣贤的外表而不注重内在的品德修养。

④子张：颛孙师，字子张。春秋时陈国人，孔子的弟子。

⑤嗛xián然：口中含着东西的样子。一说通“慊qiè”，自得的样子。

⑥子夏：卜商，字子夏。春秋时卫国人，孔子的弟子。

⑦耆：同“嗜”。

⑧子游：言偃，字子游。春秋时吴国人，孔子的弟子。

## 译文

帽子戴得歪斜，言语平淡无味，学禹的跛行，学舜的快走，这是子张一派的贱儒。衣冠整齐，面色严肃，口中含着东西似的整天不说话，这是子夏一派的贱儒。苟且懒惰胆小怕事，没有廉耻之心而热衷于吃喝，总是说君子本来就不从事体力劳动，这是子游一派的贱儒。那些君子就不是这样。安逸却不懒惰，劳苦也不懈怠，遵守根本原则来应付各种变化，各方面都处理得很适当，像这样，然后才能成为圣人。

# 王　制

## 题解

本篇为《荀子》第九篇，主要阐述了荀子的政治思想。荀子认为，要统一天下就要奉行王者之道，他讨论了王者的政治纲领、政治措施、听政方法、用人原则、管理制度、官吏职事等问题，在政治制度方面，主张施行仁义、遵从礼义，法后王，确定名分，严明赏罚，尚贤使能，在经济方面，主张要重视农业，减轻赋税，合理利用资源，加强物资流通等。荀子还论述了王和霸、安和存、危和亡等不同的政治状况，澄清了王者、霸者、强者的区别，他推崇“王道”，但对“霸道”也有所肯定。

请问为政？曰：贤能不待次而举，罢不能不待须而废[①]，元恶不待教而诛，中庸民不待政而化。分未定也则有昭缪[②]。虽王公士大夫之子孙[③]，不能属于礼义[④]，则归之庶人。虽庶人之子孙也，积文学，正身行，能属于礼义，则归之卿相士大夫。故奸言、奸说、奸事、奸能、遁逃反侧之民[⑤]，职而教之，须而待之[⑥]；勉之以庆赏，惩之以刑罚，安职则畜，不安职则弃。五疾[⑦]，上收而养之，材而事之，官施而衣食之[⑧]，兼覆无遗。才行反时者死无赦。夫是之谓天德，王者之政也。

## 注释

①罢pí：通“疲”，疲沓，无能。须：片刻，一会儿。

②缪mù：通“穆”。昭穆：古代宗法制度，宗庙中神主的排列次序，始祖居中，以下父子相递为昭穆，左为昭，右为穆。

③句末脱“也”字。

④属zhǔ：系结，归附。

⑤反侧：不安分，不顺服。

⑥须：等待。

⑦五疾：五种残疾，指哑、聋、跛足、断臂、侏儒。

⑧衣yì：给人穿上衣服。食sì：给人吃东西。

## 译文

请问怎样治理国家？回答说：对于贤能的人，不必依照级别次序而提拔；对于无德无才的人，不等片刻而立即罢免；对于大恶之人，不需教育就可以杀掉；对于普通百姓，不需政令就可以教化。名分尚未确定的时候，就应该像宗庙有昭穆的分别一样来排列等级次序。即使是王公士大夫的子孙，如果不能遵从礼义，就把他们归入平民。即使是平民的子孙，如果积累了文献经典的学问，端正了身心行为，能够遵从礼义，就把他们归入卿相士大夫。对于那些散布奸邪的言论、鼓吹奸邪的学说、做奸邪的事情、有奸邪的才能、逃跑流窜、不安分的人，就强制他们工作并教育他们，耐心地等待他们转变；用赏赐去勉励他们、用刑罚去惩处他们；安心工作就留用，不安心工作就流放出去。对五种残疾的人，君主收留并养活他们，根据才能使用他们，官府供给他们吃穿，全部加以照顾而不遗漏。对那些用才能和行为来反对现在的规矩的人，要坚决处死，决不赦免。这叫作天德，是王者所采取的政治措施。

听政之大分：以善至者待之以礼，以不善至者待之以刑。两者分别则贤不肖不杂，是非不乱。贤不肖不杂则英杰至，是非不乱则国家治。若是，名声日闻，天下愿，令行禁止，王者之事毕矣。凡听，威严猛厉而不好假道人①，则下畏恐而不亲，周闭而不竭，若是，则大事殆乎弛，小事殆乎遂②。和解调通③，好假道人而无所凝止之，则奸言并至，尝试之说锋起④，若是，则听大事烦，是又伤之也。故法法而不议，则法之所不至者必废；职而不通，则职之所不及者必队⑤。故法而议，职而通，无隐谋，无遗善，而百事无过，非君子莫能。故公平者，职之衡也⑥；中和者，听之绳也。其有法者以法行，无法者以类举，听之尽也。偏党而无经，听之辟也⑦。故有良法而乱者有之矣；有君子而乱者，自古及今，未尝闻也。传曰：

“治生乎君子，乱生乎小人。”此之谓也。

**注释**

①假：宽容。道：引导。

②遂：通“坠”，失落。

③和解：宽和，宽容。调通：调和沟通。

④锋：通“蜂”。

⑤队：同“坠”。

⑥职：当是“听”字之误。衡：秤杆，秤，引申为准则、标准。

⑦辟：偏邪，不公正。

**译文**

处理政事的要领是：怀着善意而来的人就用礼节对待他，怀着恶意而来的人就用刑罚对待他。这两种情况区别开来，那么贤能的人和无能的人就不会混杂在一起，正确和错误也就不会混淆了。贤能的人和无能的人不混杂，那么才智杰出的人就会到来；正确和错误不混淆，那么国家就能安定。像这样，名声就会一天天传扬，天下的人就会倾慕，就能做到有令即行、有禁即止，这样，王者的事业也就完成了。凡是处理政事，如果威武严肃、凶猛刚烈而不喜欢宽容引导，那么臣下就会畏惧恐慌而不亲近，就会隐蔽实情而不全部说出来，像这样，那么大事恐怕会废弛，小事恐怕会落空。如果态度宽和易沟通，喜欢宽容引导而没有限度，那么奸邪的言论就会纷至沓来，试探的学说就会蜂拥而起，像这样，那么要处理的政事就繁多琐碎，这就又对处理政事有害了。所以制定了法律而不再商议，那么法律涉及不到的事情就一定会废弃。规定了职权范围而不互相沟通，那么职权涉及不到的地方就一定会落空。所以制定了法律又进行商议，规定了职权范围又互相沟通，那就不会有隐匿的智谋，不会有遗漏的善行，各种事情就不会有错误，不是君子是不能做到的。公正不偏，是处理政事的标准；中正平和，是处理政事的准则。那些有法律规定的就依照法律来处理，没有法律规定的就依照类推的方法来处理，这是处理政事的最好措施。偏袒而没有常规，是处理政事的邪道。所以有好的法律而发生动乱是有过的；有了君子而国家混乱的，从古到今，还不曾听说过。古书上说："国家的安定产生于君子，国家的混乱产生于小人。"说的就是这种情况。

分均则不偏[①]，势齐则不壹，众齐则不使。有天有地而上下有差，明王始立而处国有制。夫两贵之不能相事，两贱之不能相使，是天数也。势位齐而欲恶同，物不能澹则必争[②]，争则必乱，乱则穷矣。先王恶其乱也，故制礼义以分之，使有贫富贵贱之等，足以相兼临者[③]，是养天下之本也[④]。《书》曰："维齐非齐[5]。”此之谓也。

### 注释

①分：名分。偏：部属。

②澹：通“赡shàn”，满足，供给。

③相：表示一方对另一方有所施为。兼临：全面统治。

④养：养育，引申指统治、治理。

⑤引文见《尚书·吕刑》，本义为“要整齐不整齐的东西”，荀子引用此句表达的意思是“要使天下人齐一，就必须有等级差别”。

### 译文

名分相等了就无法统属，权势相等了就不能统一，众人平等了就谁也不能役使谁。有了天有了地，就有了上和下的差别；贤明的君主一开始当政，治理国家就有了等级制度。两个同样高贵的人不能互相侍奉，两个同样卑贱的人不能互相役使，这是自然的道理。如果权势地位相等，并且喜好和厌恶也相同，财物不能满足需要就一定会发生争夺；发生争夺就一定会混乱，混乱就会陷于困境。先王憎恶这种混乱，所以制定了礼义进行分别，使人们有了贫穷和富裕、高贵和卑贱的差别，使自己能够完全统治他们,这是治理天下的根本。《尚书》说：“要整齐，在于不整齐。”说的就是这个道理。

马骇舆则君子不安舆，庶人骇政则君子不安位。马骇舆则莫若静之，庶人骇政则莫若惠之。选贤良，举笃敬，兴孝弟，收孤寡，补贫穷，如是，则庶人安政矣。庶人安政，然后君子安位。传曰：“君者，舟也；庶人者，水也。水则载舟，水则覆舟。”此之谓也。故君人者欲安则莫若平政爱民矣，欲荣则莫若隆礼敬士矣，欲立功名则莫若尚贤使能矣。是君人者之大节也[①]。三节者当，则其余莫不当矣；三节者不当，则其余虽曲当，犹将无益也。孔子曰：“大节是也，小节是也[②]，上君也。大节是也，小节一出焉，一入焉，中君也。大节非也，小节虽是也，吾无观其余矣。”

**注释**

①大节：品德操守的主要方面。

②小节：品德操守琐细微末的方面。

**译文**

马在拉车时受惊，那么君子就不能安坐车中；百姓被政事惊扰，那么君子就不能安坐上位。马在拉车时受惊，那就没有比让它安静更好的了；百姓被政事惊扰，那就没有比给他们恩惠更好的了。选用有德行才能的人，提拔笃厚诚敬的人，提倡孝顺父母、敬爱兄长，收养孤儿寡妇，补助贫穷的人，像这样，那么百姓就安于政治了。百姓安于政治，然后君子才能安坐上位。古书上说："君主，就像船；百姓，就像水。水能将船载起，水也能将船倾覆。"说的就是这个道理。所以统治人民的君主，想要安定，就没有比修明政治、爱护人民更好的了；想要荣耀，就没有比尊崇礼义、敬重士人更好的了；想要建立功业和名声，就没有比推崇有德才的人、任用有才能的人更好的了。这些是为人之君的主要方面。这三个主要方面都做得恰当，那么其余的方面就没有不恰当的了。这三个主要方面做得不恰当，那么其余的方面即使处处恰当，还是没有好处的。孔子说："主要方面对，琐细微末的方面也对，这是上等的君主。主要方面对，琐细微末的方面有些出入，这是中等的君主。主要方面错，琐细微末的方面即使对，我也不要再看其余的了。"

成侯、嗣公[①]，聚敛计数之君也，未及取民也；子产[②]，取民者也，未及为政也；管仲[③]，为政者也，未及修礼也。故修礼者王，为政者强，取民者安，聚敛者亡。故王者富民，霸者富士，仅存之国富大夫，亡国富筐箧、实府库。筐箧已富，府库已实，而百姓贫，夫是之谓上溢而下漏，入不可以守，出不可以战，则倾覆灭亡可立而待也。故我聚之以亡，敌得之以强。聚敛者，召寇、肥敌、亡国、危身之道也，故明君不蹈也。

**注释**

①成侯：战国时卫国国君，公元前361—前333年在位。嗣公：卫国国君，卫成侯之孙，公元前324—前283年在位。

②子产：公孙侨，字子产，春秋时郑国人，公元554年被立为卿，公元前543—前522年执政。公元前536年子产铸“刑书”，公布于众，是我国最早公布的成文法。

③管仲：春秋初期政治家。名夷吾，字仲，齐国颍上人，辅佐齐桓公成为春秋时期第一霸主。

**译文**

卫成侯、卫嗣君，是搜刮财货、精打细算的国君，没有能够取得民心；子产，是取得民心的人，却没有能够处理好政事；管仲，是善于处理政事的人，但没有能够遵循礼义。遵循礼义的能够成就王者大业，善于处理政事的能够强大，取得民心的能够安定，搜刮财货的会灭亡。行王道的君主使百姓富裕，行霸道的君主使士人富裕，勉强存在的国家使大夫富裕，即将灭亡的国家只是装满了国君的箱子、充实了国家的仓库。国君的箱子装满了，国家的仓库充实了，百姓就贫穷了，这叫作上面溢出而下面漏光。这样的国家，对内不能防守，对外不能征战，那么它的颠覆灭亡可以立刻等到了。所以自己搜刮财货以致灭亡，敌人得到这些财货因而富强。搜刮财货，实是招致敌寇、养肥敌人、灭亡国家、危害自身的道路，所以贤明的君主是不走这条路的。

王夺之人，霸夺之与，强夺之地。夺之人者臣诸侯，夺之与者友诸侯，夺之地者敌诸侯。臣诸侯者王，友诸侯者霸，敌诸侯者危。

**译文**

王者争夺人心，霸者争夺盟国，强者争夺土地。争夺人心的可以使诸侯称臣，争夺盟国的可以使诸侯成为朋友，争夺土地的会使诸侯成为敌人。使诸侯称臣的能称王天下，与诸侯为友的能称霸诸侯，和诸侯为敌的就危险了。

用强者，人之城守，人之出战，而我以力胜之也，则伤人之民必甚矣。伤人之民甚，则人之民恶我必甚矣；人之民恶我甚，则日欲与我斗。人之城守，人之出战，而我以力胜之，则伤吾民必甚矣。伤吾民甚，则吾民之恶我必甚矣；吾民之恶我甚，则日不欲为我斗。人之民日欲与我斗，吾民日不欲为我斗，是强者之所以反弱也。地来而民去，累多而功少，虽守者益，所以守者损，是以大者之所以反削也[①]。诸侯莫不怀交接怨而不忘其敌[②]，伺强大之间，承强大之敝[③]，此强大之殆时也。知强大者不务强也[④]，虑以王命全其力，凝其德。力全则诸侯不能弱也，德凝则诸侯不能削也，天下无王霸主则常胜矣。是知强道者也。

**注释**

①“是”下“以”字是衍文。

②怀交：私相结交。接怨：连续修怨。一说“怀交接怨”当为“怀怨交接”。

③承：通“乘”，趁。敝：疲敝，衰败。

④强大：当作“强道”。

**译文**

使用强力争夺土地的，别国的人或者据城守卫，或者出城迎战，而我用武力去战胜他们，那么伤害别国的百姓必然很严重。伤害别国的百姓很严重，那么别国的百姓怨恨我也必然很严重；别国的百姓怨恨我很严重，就会天天想要和我战斗。别国的人或者据城守卫，或者出城迎战，而我用武力去战胜他们，那么伤害自己的百姓必然很严重。伤害自己的百姓很严重，那么自己的百姓怨恨我也必然很严重；自己的百姓怨恨我很严重，就会天天不想为我战斗。别国的百姓天天想要和我战斗，我自己的百姓天天不想为我战斗，这就是强国反而变弱的原因。土地夺来了而民心却失去了，忧患很多而功劳很少，虽然守卫的土地增多，用来守卫土地的百姓减少了，这就是大国反而被削弱的原因。诸侯无不私相结交、心怀怨恨而不忘记他们的敌人，他们窥伺那强大之国的空隙，趁着强大之国的疲敝来进攻，这就是强大之国的危险时刻。了解强大之道的君主不致力于武力，而是考虑利用天子的命令来保全自己的力量、积累自己的美德。力量保全了，那么诸侯就不能使他衰弱；美德积累了，那么诸侯就不能削弱他；天下如果没有能成就王业、霸业的君主，那么他就能经常取胜。这是了解强大之道的君主。

彼霸者不然，辟田野，实仓廪，便备用[①]，案谨募选阅材伎之士[②]，然后渐庆赏以先之[③]，严刑罚以纠之。存亡继绝，卫弱禁暴，而无兼并之心，则诸侯亲之矣；修友敌之道以敬接诸侯[④]，则诸侯说之矣[⑤]。所以亲之者，以不并也，并之见则诸侯疏矣；所以说之者，以友敌也，臣之见则诸侯离矣。故明其不并之行，信其友敌之道，天下无王霸主，则常胜矣[⑥]。是知霸道者也。

## 注释

①便：改进，使便利。备用：设备器用。

②阅：容纳。伎：才智，才能，技能。

③渐：加重。先：引导。

④修：循，遵循。

⑤说：通“悦”。

⑥“霸”字为衍文。

## 译文

那些奉行霸道的君主不是这样。他们开垦田野，充实粮仓，改进器用，谨慎地招募、选择、接纳有才能技艺的士人，然后加重赏赐来引导他们，加重刑罚来督责他们。使将要灭亡的国家得以保存，使将要断绝的后代得以延续，保护弱小，禁止残暴，但是没有并吞别国的野心，那么诸侯就会亲近他了；遵循友好平等的原则去恭敬地接待诸侯，那么诸侯就会喜欢他了。诸侯之所以亲近他，是因为他不并吞别国，如果并吞别国的野心显露出来，那么诸侯就会疏远他了；诸侯之所以喜欢他，是因为他的态度友好平等，如果令诸侯臣服的意图显露出来，那么诸侯就会背离他了。所以表明自己不会有并吞别国的行为，信守友好平等的原则，天下如果没有成就王业的君主，那么他就能经常取胜了。这是懂得称霸之道的君主。

闵王毁于五国[①]，桓公劫于鲁庄[②]，无它故焉，非其道而虑之以王也。彼王者不然，仁眇天下[③]，义眇天下，威眇天下。仁眇天下，故天下莫不亲也；义眇天下，故天下莫不贵也；威眇天下，故天下莫敢敌也。以不敌之威，辅服人之道，故不战而胜，不攻而得，甲兵不劳而天下服。是知王道者也。知此三具者，欲王而王，欲霸而霸，欲强而强矣。

**注释**

①闵王：即齐闵王，或作齐湣王、齐愍王，战国时齐国国君，齐宣王之子，公元前323—前284年在位。公元前284年，燕、秦、魏、韩、赵等五国联合攻齐，齐闵王逃到莒jǔ城。

②桓公：即齐桓公，姜姓，名小白，春秋时齐国国君，公元前685—前643年在位，他任用管仲为相，改革齐政，使国家富强，成为春秋时期的第一个霸主。鲁庄：即鲁庄公，春秋时鲁国国君，公元前693—前662年在位。公元前681年，齐桓公与鲁庄公在柯订立盟约，庄公之臣曹沫用匕首胁迫齐桓公，齐桓公只好答应归还齐国所侵占的汶阳之田。

③眇：高。

**译文**

齐闵王被五国联军摧毁，齐桓公被鲁庄公胁迫，没有其他的原因，就是因为他们实行的不是王道却想靠它来称王。那些奉行王道的君主不是这样。他的仁爱高于天下，道义高于天下，威势高于天下。仁爱高于天下，所以天下没有不亲近他的；道义高于天下，所以天下没有不尊重他的；威势高于天下，所以天下没有敢与他为敌的。用不可抵挡的威势去辅助使人归服的仁义之道，所以不战斗就能胜利，不进攻就可以取得，不费一兵一甲天下就归服了，这是了解称王之道的君主。了解这称王、称霸和强大的条件的君主，想要称王就能称王，想要称霸就能称霸，想要强大就能强大。

王者之人①：饰动以礼义②，听断以类，明振毫末③，举措应变而不穷④。夫是之谓有原。是王者之人也。

**注释**

①王者之人：指王者言，谓其人如此。一说指王者之佐，亦通。

②饰：通“饬”，整饬，端正。

③振：举。毫末：毫毛的末端，比喻极其细微。

④举措：措置，措施。

**译文**

王者的为人：用礼义来端正自己的行为，用法度来处理决断政事，明察到极其细微的小事，措施能应付事变而不会束手无策。这叫作掌握了根本。这就是奉行王道的君主。

王者之制：道不过三代，法不贰后王。道过三代谓之荡，法贰后王谓之不雅。衣服有制，宫室有度，人徒有数，丧祭械用皆有等宜[①]。声则凡非雅声者举废[②]，色则凡非旧文者举息[③]，械用则凡非旧器者举毁。夫是之谓复古。是王者之制也。

**注释**

①宜：通“仪”，法度，标准。

②举：全部。

③旧文：指古代礼制所规定的车服器用等物的彩绘文饰。



**译文**

王者的制度：治国的原则不能超出夏、商、周三代，法度不背离后王。治国的原则超过了三代叫作放荡，法度背离后王叫作不正。衣服各有规格，宫室各有标准，随从各有一定的数目，丧葬祭祀所用的器具都有等级规定。凡是不合乎雅正之声的音乐全部废除，凡是不合乎旧有彩绘文饰的色彩全部禁止，凡是不同于旧有器具的器械用具全部毁掉。这叫作复古。这就是奉行王道的君主的制度。

王者之论[①]：无德不贵，无能不官，无功不赏，无罪不罚，朝无幸位，民无幸生，尚贤使能而等位不遗，析愿禁悍而刑罚不过[②]。百姓晓然皆知夫为善于家而取赏于朝也，为不善于幽而蒙刑于显也。夫是之谓定论。是王者之论也。

**注释**

①论：通“伦”，指用人的原则。

②析：当作“折”。愿：通“傆yuàn”，狡诈。

**译文**

王者的用人原则：没有德行的不能尊贵，没有才能的不能当官，没有功劳的不能赏赐，没有罪过的不能惩罚，朝廷上没有侥幸获得官位的，百姓中没有侥幸生存的，推崇有德才的人、任用有才能的人，使等级地位与德才相当而没有遗漏，制裁狡诈、禁止凶暴，施加的刑罚与罪行相当而不过分。百姓都明明白白地知道，即使在家里做好事，也能在朝廷上取得赏赐，即使在暗地里做坏事，也会在光天化日之下遭受刑罚。这叫作确定的原则。这就是奉行王道的君主的用人原则。

王者之[①]：等赋、政事[②]，财万物，所以养万民也。田野什一，关市几而不征[③]，山林泽梁以时禁发而不税，相地而衰政[④]，理道之远近而致贡[⑤]，通流财物粟米，无有滞留，使相归移也[⑥]。四海之内若一家，故近者不隐其能，远者不疾其劳，无幽闲隐僻之国莫不趋使而安乐之[⑦]。夫是之谓人师，是王者之法也。

**注释**

①“之”下当有“法”字。

②政：通“正”，治。

③几：检查，查看。

④衰cuī：等差。政：通“征”。

⑤理：分别。

⑥归：通“馈”，供给。移：运输。

⑦无：犹“虽”。

## 译文

王者的法度：按照等级征收赋税，处理好民事，管理好万物，这是用来养育万民的方法。对于农田，征收十分之一的税；对于关卡和市场，进行检查而不征税；对于山林湖堤，按时关闭和开放而不收税；考察土地的肥瘠来分别征税；分别道路的远近来收取贡品；使财物、粮米流通，没有滞留；使各地互通有无来供给对方。四海之内就像一家人一样，所以近处的人不隐藏自己的才能，远处的人不厌恶奔走的辛劳，即使是幽远空旷偏僻的国家，也没有不听从役使而安宁快乐的。这叫作人民的师表。这就是奉行王道的君主的法度。

北海则有走马吠犬焉[①]，然而中国得而畜使之；南海则有羽翮、齿革、曾青、丹干焉[②]，然而中国得而财之；东海则有紫、紶、鱼、盐焉[③]，然而中国得而衣食之；西海则有皮革、文旄焉[④]，然而中国得而用之。故泽人足乎木，山人足乎鱼，农夫不斫削、不陶冶而足械用，工贾不耕田而足菽粟。故虎豹为猛矣，然君子剥而用之。故天之所覆，地之所载，莫不尽其美，致其用[⑤]，上以饰贤良，下以养百姓而乐安之[⑥]。夫是之谓大神[⑦]。《诗》曰[⑧]：“天作高山，大王荒之[⑨]。彼作矣，文王康之[⑩]。”此之谓也。

## 注释

①北海：泛指北方最偏远的地方。下文的“东海”“南海”“西海”是相同的用法。

②翮hé：鸟羽的茎，羽轴下段不生羽瓣而中空的部分。曾céng青：矿产名，色青，可以用来绘画和熔化金属。丹干：同“丹矸gān”，朱砂。

③紫：通“絺chī”，细葛布。紶：当为“绤xì”。绤，粗葛布。

④文旄：染上色彩的旄牛尾。

⑤致：极，尽。

⑥饰：装饰，指装饰车服。养：供养，指供给衣食。

⑦神：治。

⑧引诗见《诗经·周颂·天作》。

⑨大tài王：周太王，即古公亶dǎn父，周文王的祖父。相传他因戎、狄所逼，由豳bīn迁至岐山下的周原，周族从此逐渐强盛。荒：扩大，大。

⑩文王：周文王。康：安乐，安宁。

## 译文

北方有善于奔走的马和善于吠叫的狗，然而中原地区可以得到并畜养役使它们；南方有羽毛、象牙、犀牛皮、曾青、朱砂，然而中原地区可以得到并利用它们；东方有粗细葛布、鱼、盐，然而中原地区可以得到并穿着、食用它们；西方有皮革和色彩斑斓的牦牛尾，然而中原地区可以得到并使用它们。所以湖边打鱼的人有足够的木材，山上伐木的人有足够的鲜鱼，农民不砍伐、不烧窑冶炼也有足够的器械用具，工匠、商人不耕田也有足够的粮食。虎、豹算是凶猛的了，但是君子能够剥皮来使用。所以天所覆盖的，地所承载的，没有什么东西不充分发挥它们的长处、竭尽它们的效用，对上可以用来装饰有德行才能的人，对下可以用来养活百姓而使他们安宁快乐。这叫作大治。《诗经》说："上天生成高大的岐山，太王将它开辟。太王已经造此都，文王使它长安宁。"说的就是这个道理。

以类行杂[①]，以一行万[②]，始则终，终则始，若环之无端也，舍是而天下以衰矣。天地者，生之始也；礼义者，治之始也；君子者，礼义之始也。为之、贯之、积重之、致好之者，君子之始也。故天地生君子，君子理天地。君子者，天地之参也，万物之总也，民之父母也。无君子则天地不理，礼义无统，上无君师，下无父子，夫是之谓至乱。君臣、父子、兄弟、夫妇，始则终，终则始，与天地同理，与万世同久，夫是之谓大本。故丧祭、朝聘、师旅一也[③]，贵贱、杀生、与夺一也，君君、臣臣、父父、子子、兄兄、弟弟一也，农农、士士、工工、商商一也。

## 注释

①类：各类事物的法则。行：做，治理。

②一：统一的、一贯的原则，指礼义。

③朝聘：古代诸侯亲自或派使臣按期朝见天子。

## 译文

用各类事物的法则去治理纷繁复杂的事物，用统一的原则去治理万事万物，从开始到结束，从结束到开始，就像圆环没有开端一样。舍弃了这一原则，那么天下就要衰败了。天地，是生命的开端；礼义，是社会安定的开端；君子，是礼义的开端。实行礼义，贯彻礼义，积累增多礼义的知识，极其爱好礼义，这是做君子的开端。所以天地生育君子，君子治理天地。君子，是天地的匹配，万物的统帅，人民的父母。没有君子，那么天地就得不到治理，礼义就没有头绪，在上没有君主、师长，在下没有父子，这叫极其混乱。君臣、父子、兄弟、夫妻之间的伦理，从开始到结束，从结束到开始，与天地有同样的道理，与万世同样长久，这叫作最大的根本。所以丧葬、祭祀、朝聘、战事中的礼，其道理是一样的；高贵或卑贱、处死或赦免、赏赐或处罚，其道理是一样的；君主要像君主、臣下要像臣下、父亲要像父亲、儿子要像儿子、兄长要像兄长、弟弟要像弟弟，其道理是一样的；农民要像农民、士人要像士人、工人要像工人、商人要像商人，其道理是一样的。

水火有气而无生[1]，草木有生而无知，禽兽有知而无义，人有气、有生、有知，亦且有义，故最为天下贵也。力不若牛，走不若马，而牛马为用，何也？曰：人能群，彼不能群也。人何以能群？曰：分。分何以能行？曰：义。故义以分则和，和则一，一则多力，多力则强，强则胜物，故宫室可得而居也。故序四时，裁万物，兼利天下，无它故焉，得之分义也。

**注释**

①气：中国古代哲学概念，是构成天地万物的始基。

**译文**

水、火有气却没有生命，草木有生命却没有知觉，禽兽有知觉却没有道义，人有气、有生命、有知觉，而且有道义，所以人是天下最尊贵的。人的力气不如牛，奔跑不如马，但牛和马却被人役使，为什么呢？回答是：人能组合成群体，而牛和马不能组合成群体。人为什么能组合成群体？回答是：因为有等级名分。等级名分为什么能够实行？回答是：因为有道义。所以用道义确定名分，人们就能和睦，和睦就能团结一致，团结一致力量就能增多，力量增多就能强大，强大就能战胜外物，所以人才有可能在宫室中安居。所以人能依次排列四季，裁制万物，使天下人都得到好处，这没有其他的原因，而是从名分和道义中得来的。

故人生不能无群，群而无分则争，争则乱，乱则离，离则弱，弱则不能胜物，故宫室不可得而居也，不可少顷舍礼义之谓也。能以事亲谓之孝，能以事兄谓之弟，能以事上谓之顺，能以使下谓之君。君者，善群也。群道当则万物皆得其宜，六畜皆得其长[①]，群生皆得其命。故养长时则六畜育[②]，杀生时则草木殖，政令时则百姓一，贤良服。

**注释**

①六畜：六种家畜，即猪、羊、牛、马、鸡、狗。

②养长zhǎng：使生长壮盛。

**译文**

人活着就不能没有群体，有了群体而没有等级名分就会发生争夺，争夺就会引起混乱，混乱人就会离散，离散就会使力量削弱，力量削弱就不能战胜外物，所以人就不能在宫室中安居了，这是说人一刻也不能舍弃礼义。能够用礼义侍奉父母叫作孝，能够用礼义侍奉兄长叫作悌，能够用礼义侍奉君主叫作顺，能够用礼义役使臣民叫作君。所谓君，就是善于把人组合成群体的意思。组合群体的方法适当，那么万物都能得到合宜的安排，六畜都能得到应有的生长，一切生物都能得到应有的寿命。所以饲养适时，六畜就能生育；砍伐种植适时，草木就能繁殖；政策法令适时，百姓就能被统一，有德行才能的人就能服从。

圣王之制也，草木荣华滋硕之时①，则斧斤不入山林，不夭其生，不绝其长也；鼋鼍、鱼鳖、鳅鳣孕别之时②，罔罟毒药不入泽，不夭其生，不绝其长也。春耕、夏耘、秋收、冬藏四者不失时，故五谷不绝而百姓有余食也；污池、渊沼、川泽谨其时禁③，故鱼鳖优多而百姓有余用也；斩伐养长不失其时，故山林不童而百姓有余材也④。

**注释**

①荣华：草木茂盛、开花。滋：生长。硕：大。

②鼋yuán：大鳖，头有疙瘩，俗称癞头鼋。鼍tuó：扬子鳄，也称蛟龙、猪婆龙。鳣shàn：同“鳝”。别：指生育，与母体分别。

③污：通“洿wū”，停积不流的水，小水坑。污池：蓄水的池塘。渊：深水潭。沼：水池。川：河流。泽：湖泊。

④童：山岭、土地没有草木。

**译文**

圣王的制度是，草木茂盛、开花、滋长、结果的时候，砍伐的斧头不准进入山林，为了使它们的生命不夭折，使它们的生长不断绝；鼋、鼍、鱼、鳖、泥鳅、鳝鱼怀孕产卵的时候，渔网、毒药不准投入湖泽，为了使它们的生命不夭折，使它们的生长不断绝。春天耕种、夏天锄草、秋天收获、冬天储藏，这四件事都不错过时节，所以五谷就不会断绝而百姓有多余的粮食；池塘、水潭、河流、湖泊严格禁止在规定时期外捕捞，所以鱼鳖丰饶繁多而百姓吃用不尽；树木的砍伐与养育不错过季节，所以山林不会光秃得寸草不生而百姓有多余的木材。

圣王之用也，上察于天，下错于地①，塞备天地之间，加施万物之上，微而明，短而长，狭而广，神明博大以至约②。故曰：一与一是为人者谓之圣人③。

**注释**

①错：通“措”，处置，安置。

②以：而。至约：极其简约。

③一与一：前“一”指统一的原则，即礼义，与前文“以一行万”之“一”相同，后“一”指一切

事物，“与”通“举”，统率。

**译文**

圣王的作用是，上能观察天时的变化，下能安排土地的开发，他的作用充满天地之间，施加到万物之上，隐微而又显明，短暂而又长久，狭窄而又广阔，神圣博大却又极其简约。所以说：用统一的原则来统率一切事物的人，这就叫作圣人。

序官：宰爵知宾客、祭祀、飨食、牺牲之牢数①，司徒知百宗、城郭、立器之数②，司马知师旅、甲兵、乘白之数③。修宪命，审诗商④，禁淫声，以时顺修，使夷俗邪音不敢乱雅，大师之事也⑤。修堤梁，通沟浍⑥，行水潦⑦，安水臧⑧，以时决塞，岁虽凶败水旱，使民有所耘艾⑨，司空之事也⑩。相高下，视肥墝⑪，序五种，省农功，谨蓄藏，以时顺修，使农夫朴力而寡能，治田之事也。修火宪，养山林薮泽草木鱼鳖百索⑫，以时禁发，使国家足用而财物不屈⑬，虞师之事也⑭。顺州里⑮，定廛宅⑯，养六畜，间树艺⑰，劝教化，趋孝弟⑱，以时顺修，使百姓顺命，安乐处乡，乡师之事也⑲。论百工⑳，审时事，辨功苦㉑，尚完利，便备用，使雕琢文采不敢专造于家，工师之事也㉒。相阴阳㉓，占祲兆㉔，钻龟陈卦㉕，主禳择五卜㉖，知其吉凶妖祥，伛巫、跛击之事也[27]。修采清[28]，易道路，谨盗贼，平室律[29]，以时顺修，使宾旅安而货财通[30]，治市之事也。抃急禁悍[31]，防淫除邪，戮之以五刑[32]，使暴悍以变，奸邪不作，司寇之事也[33]。本政教，正法则，兼听而时稽之，度其功劳，论其庆赏，以时慎修[34]，使百吏免尽而众庶不偷，冢宰之事也[35]。论礼乐，正身行，广教化，美风俗，兼覆而调一之，辟公之事也[36]。全道德，致隆高[37]，綦文理[38]，一天下，振毫末，使天下莫不顺比从服，天王之事也。故政事乱则冢宰之罪也；国家失俗则辟公之过也；天下不一，诸侯俗反[39]，则天王非其人也。

**注释**

①宰爵：官名，掌管接待宾客、祭祀、饮宴时供应酒食祭品等事务。知：掌管。飨xiǎng：以隆重的礼仪宴请宾客。牺牲：供祭祀用的纯色牲畜。牢：古代祭礼用的牛、羊、豕三牲，三牲各一为一牢。

②司徒：官名，掌管国家的土地和人民的教化。

③司马：官名，掌管军旅之事。师旅：师、旅为古代军队编制。乘shèng：古代四匹马一辆车为一乘。白：通“伯”，古代军队的编制，百人为“伯”。

④商：通“章”，乐章。

⑤大tài 师：古代乐官之长。

⑥浍kuài：水沟。

⑦潦lǎo：指积水。

⑧臧：通“藏”，储存东西的地方。

⑨艾：通“刈yì”，收割。

⑩司空：掌管土木工程的官。

⑪埆qiāo：土地贫瘠。

⑫索：疑为“素”，蔬菜。

⑬屈jué：竭，尽。

⑭虞师：掌管山林湖泊的官。

⑮州里：古代二千五百家为州，二十五家为里。本为行政建制，后泛指乡里或本土。

⑯廛chán宅：城邑百姓的住房。

⑰间：同“闲”，熟习。树艺：种植，栽培。

⑱趋cù：通“促”，促使。

⑲乡师：掌管一乡的教化和政事的官

⑳论：与下句的“审”同义。

㉑功：精善。苦gǔ：通“盬gǔ”，粗劣。

㉒工师：掌管手工业的官。

㉓阴阳：中国古代哲学中的一对概念，本义指日照的向背，后指两种相互对立的气或气的两种状态，战国时阴阳概念进一步用来称谓宇宙间的两种最基本的矛盾势力或属性。

㉔占：观察征兆来预测吉凶。祲jìn：日旁云气，古时

认为由阴阳二气相互作用而产生，能预示吉凶，常指妖气、不祥之气。

㉕钻龟：用龟甲占卜，先在龟底板上钻孔，然后用荆木烧烤钻孔处使龟板出现裂纹。陈卦：排列蓍草算卦。古代用蓍草和龟甲占卜，来预测吉凶祸福。

㉖禳：古代除邪消灾的祭祀。择：即“择吉”，选择吉日。五卜：据以占卜吉凶的五种龟甲裂纹，即雨兆（像雨点下落的兆形），雾兆（像雨止天晴时云雾散开的兆形），蒙兆（像阴天时云雾蒙蒙的兆形），驿兆（像多云时云气不连接的兆形），克兆（互相交错的兆形）。

㉗击：通“觋xí”，为人祷祝鬼神的男巫，也泛指巫师。

㉘採：“采”字之误。“采”即古“屎”字。清：通“圊qīng”，厕所。

㉙平：整治，治理。室：当是“质”之音误，“质”为古代贸易契券的一种。

㉚宾：当作“商”字。商旅：行商，流动的商人。

㉛抃急：为“折愿”之误，制裁奸诈。

㉜五刑：五种轻重不等的刑法，不同的时代内容不同。秦以前为墨（脸上刺字）、劓yì（割鼻子）、剕fèi（断足）、宫（阉割男子生殖器、破坏女子生殖机能）、大辟（死刑）。

㉝司寇：掌管司法的最高长官。

㉞慎：通“顺”。

㉟免：通“勉”，努力。尽：指尽心。冢宰：周官名，为六卿之首，亦称太宰。

㊱辟bì公：诸侯。

㊲隆高：高超。荀子常代指礼义。

㊳綦：极，推崇的意思。

㊴俗：通“欲”。

**译文**

叙述官吏的设置和职责：宰爵掌管接待宾客、祭祀、宴饮、祭品的数量，司徒掌管宗族、城郭、放置器械的数量，司马掌管军队、铠甲兵器、车马士兵的数量。修订法令，审查诗歌乐章，禁止淫邪的音乐，按时来整治，使蛮夷的风俗和奸邪的音乐不敢扰乱雅乐，这是太师的职责。修筑堤坝桥梁，疏通沟渠，排除积水，修固水库，按时开放和关闭，即使是饥荒歉收、涝灾旱灾的凶年，也使百姓能够有所耕耘、有所收获，这是司空的职责。察看地势的高低，识别土质的肥沃贫瘠，合理安排各种庄稼的播种时节，检查农民的生产情况，认真地储备粮食，按时去整治，使农民朴实地尽力耕作而不求兼有其他技能，这是田官的职责。制订防火的法令，养护山林、湖泊中的草木、鱼鳖和各种蔬菜，按季节来封禁和开放，使国家财物充足而不匮乏，这是虞师的职责。和顺乡里，划定住宅，让百姓饲养六畜，熟悉种植，鼓励教化，督促人们孝顺父母、敬爱兄长，按时去整治，使百姓服从命令，安宁快乐地住在乡里，这是乡师的职责。考查各种工匠的手艺，审察各个时节的生产，辨别产品的精致和粗劣，注重产品的坚固耐用，改进设备器用，令私家不敢制造雕刻图案的器具和有彩色花纹的礼服，这是工师的职责。观察阴阳的变化，看云气来预测吉凶，钻龟甲占卜，排列蓍草算卦，掌管驱除不祥、选择吉日以及分析各种兆形，预见吉凶祸福，这是驼背巫婆与瘸腿男巫的职责。整理厕所，平整道路，严防盗贼，管理贸易契券，按时来整治，使往来的旅人、商人安全而货物钱财能流通，这是治市的职责。制裁奸诈的人，禁止凶暴的人，防止淫乱，铲除奸邪，用五种刑罚来惩治罪犯，使凶暴强悍的人因此而转变，使奸邪之事不再发生，这是司寇的职责。把政治教化作为根本，端正法令制度，多方听取意见并经常考核，衡量他们的功绩，评定对他们的赏赐，按时来整治，使各级官吏都勤勉尽职而百姓都不敢怠惰，这是冢宰的职责。修订礼乐，端正行为，推广教化，美化风俗，全面地保护百姓并使他们协调统一，这是诸侯的职责。完善道德，标举礼义，推崇礼义，统一天下，明察毫末般的细微小事，使天下没有谁不依顺亲近、听从归服，这是天子的职责。所以政事混乱，就是冢宰的罪过；国家风俗败坏，就是诸侯的过错；天下不统一，诸侯想要造反，那么天子就不是理想的人选。

具具而王[①]，具具而霸，具具而存，具具而亡。用万乘之国者，威强之所以立也，名声之所以美也，敌人之所以屈也，国之所以安危臧否也[②]，制与在此，亡乎人[③]。王、霸、安存、危殆、灭亡，制与在我，亡乎人。夫威强未足以殆邻敌也，名声未足以县天下也，则是国未能独立也，岂渠得免夫累乎[④]！天下胁于暴国，而党为吾所不欲于是者[⑤]，日与桀同事同行，无害为尧，是非功名之所就也，非存亡安危之所堕也[⑥]。功名之所就，存亡安危之所堕，必将于愉殷赤心之所[⑦]。诚以其国为王者之所，亦王；以其国为危殆灭亡之所，亦危殆灭亡。

**注释**

①具具：前一个“具”是动词，具备；后一个“具”是名词，条件。

②臧否pǐ：好坏。

③与：通“举”，都。亡wú：无，不。

④渠：通“讵jù”，岂，哪里，怎么。

⑤党：同“倘”，假如。

⑥堕：当为“随”字之误。

⑦愉：快乐。殷：强盛富裕。赤心：专一的心志。

## 译文

具备了王者的条件就可以称王，具备了霸者的条件就可以称霸，具备了生存的条件就能生存，具备了灭亡的条件就会灭亡。治理拥有万辆兵车的大国的君主，他的威武强大之所以能树立，他的名声之所以能美好，他的敌人之所以屈服，他的国家之所以安定又美好，关键都在于自己而不在于别人。称王、称霸、安全、生存、危险、灭亡，关键都在于自己而不在于别人。他的威武强大还不能威胁相邻的敌国，名声还不能远扬天下，那么这个国家就还不能独立，又怎么能够免除忧患呢！天下被凶暴的国家所胁迫，倘若这种情况是我所不想要的，即使天天和桀那样的暴君一同做事、一同行动，也不妨害自己成为尧那样的贤君，但这不是成就功名的关键，也不是存亡安危的原因。成就功名的关键，存亡安危的原因，一定取决于快乐富强时自己专一的心志之所在。如果一心想把自己的国家变成奉行王道的地方，那就可以称王；要把自己的国家变成危险灭亡的地方，那就会危险灭亡。

殷之日，案以中立无有所偏而为纵横之事[①]，偃然案兵无动[②]，以观夫暴国之相卒也[③]。案平政教，审节奏[④]，砥砺百姓，为是之日，而兵刬天下劲矣[⑤]；

案然修仁义[⑥]，伉隆高[⑦]，正法则，选贤良，养百姓，为是之日，而名声剸天下之美矣。权者重之，兵者劲之，名声者美之。夫尧、舜者，一天下也，不能加毫末于是矣。权谋倾覆之人退，则贤良知圣之士案自进矣；刑政平，百姓和，国俗节，则兵劲城固，敌国案自诎矣；务本事，积财物，而勿忘栖迟薛越也[⑧]，是使群臣百姓皆以制度行，则财物积，国家案自富矣。三者体此而天下服，暴国之君案自不能用其兵矣。何则？彼无与至也。彼其所与至者，必其民也，其民之亲我也欢若父母，好我芳若芝兰；反顾其上，则若灼黥，若仇雠。彼人之情性也，虽桀、跖，岂有肯为其所恶贼其所好者哉！彼以夺矣[⑨]。故古之人有以一国取天下者，非往行之也，修政其所莫不愿，如是而可以诛暴禁悍矣。故周公南征而北国怨[⑩]，曰："何独不来也？"东征而西国怨，曰："何独后我也？"孰能有与是斗者与？安以其国为是者王。

**注释**

①无：通"毋"，不要。纵横：即合纵连横。战国时，苏秦游说齐、楚、燕、韩、赵、魏六国诸侯联合对抗秦国，六国地处南北，南北为纵，所以称为"合纵"。秦国为了对付合纵，采纳张仪的主张，与六国分别结成联盟，秦国在六国的西面，秦国与六国的联合是东西联合，东西为横，

所以称为“连横”。

②案：通“按”。

③卒：通“捽zuó”，争斗。

④节奏：礼节制度，指有关礼仪的各种规定。

⑤钊zhuān：通“专”，独占。依下文，“劲”上当有“之”字。

⑥然：当为衍文。

⑦伉kàng：至于极点。

⑧忘：通“妄”，胡乱。栖迟zhì：滞留等待，即丢在一边、遗弃的意思。薛越：同“屑越”，狼藉遗弃。

⑨以：同“已”。

⑩周公：西周初期政治家、思想家。姓姬名旦，文王之子，武王之弟，成王之叔。辅佐武王灭商。武王去世后，成王年幼，周公摄政，平定了武庚、管叔、蔡叔的叛乱，营建东都洛邑，大行封建，制礼作乐，对中国历史发展有着深远的影响。

## 译文

在国家富强的时候，要保持中立，不要有所偏袒而去做合纵连横的事情，要安静地按兵不动，来旁观那些凶暴的国家互相争斗。要整治政治教化，审察礼节制度，激励百姓，当做到了这一点的时候，他的兵力就是天下最强劲的了；奉行仁义，标举礼义，修正法律规范，选拔有德行才能的人，养育百姓，当做到了这一点的时候，他的名声就是天下最美好的了。权势牢固，兵力强劲，名声美好，就是尧、舜那样统一天下的人，也不能对此再增加丝毫了。玩弄权术阴谋、反复无常的人被罢免，那么有德行才能、明智圣哲的人自然就得到任用了；刑罚政令公平，百姓和睦，国家的风俗节俭，那么兵力就强劲、城防就坚固，敌国自然就屈服了；致力于农事，积聚财物，而不要随意地遗弃糟蹋，使群臣百姓都按照制度行事，那么财物就能积累、国家自然就富裕了。三个方面都能按照以上说的做，那么天下就会归服，凶暴之国的君主也就自然不能动用兵力。为什么呢？因为没有人和他一起来攻打。和他一起来的，一定是他统治的百姓，而他的百姓亲近我就像亲近父母一样，喜欢我就像喜欢芳香的芝兰一样；而回头去看他们的国君，却像看到了皮肤烧伤、脸上刺字一样，像看到了仇人一样。那些人的本性即使像夏桀、盗跖一样，难道会愿意为他所憎恶的人去残害他所喜爱的人吗！他们已经被我争取过来了。所以古代的人，有凭借一个国家来夺取天下的，他并不是靠武力前往他国去夺取，而是在自己国内修明政治，结果天下没有人不羡慕，像这样就可以诛灭凶暴、禁止强悍了。所以周公向南征伐时，北方的国家都抱怨，说："为什么单单不来我们这里呢？"向东征伐时，西面的国家都抱怨，说："为什么单单把我们丢在后面呢？"有谁能同这样的人争斗呢？把自己的国家治理成这样的君主就能称王了。

殷之日，安以静兵息民，慈爱百姓，辟田野，实仓廪，便备用，安谨募选阅材伎之士；然后渐赏庆以先之，严刑罚以防之，择士之知事者使相率贯也，是以厌然畜积修饰而物用之足也①。兵革器械者，彼将日日暴露毁折之中原，我今将修饰之，拊循之②，掩盖之于府库；货财粟米者，彼将日日栖迟薛越之中野，我今将畜积并聚之于仓廪；材技股肱、健勇爪牙之士③，彼将日日挫顿竭之于仇敌，我今将来致之、并阅之、砥砺之于朝廷④。如是，则彼日积敝，我日积完；彼日积贫，我日积富；彼日积劳，我日积佚。君臣上下之间者，彼将厉厉焉日日相离疾也⑤，我今将顿顿焉日日相亲爱也⑥，以是待其敝。安以其国为是者霸。

**注释**

①厌yān然：安然，安定。畜：通“蓄”。

②拊fǔ循：护养。

③股肱gōng：大腿和上臂，比喻左右辅佐之臣。

④来：通“徕”，招致，招揽。致：招引。并：接纳。

⑤厉厉：形容憎恨。

⑥顿dūn顿：诚恳敦厚的样子。顿，通“敦”。

**译文**

在国家富强的时候，停止用兵、让人民休养生息，爱护百姓，开垦田野，充实粮仓，改进器用，谨慎地招募、选择、接纳有才能技艺的士人，然后加重赏赐来引导他们，加重刑罚来督责他们，选择其中明白事理的人来率领他们，因此他们就安心地积蓄财物、修理改进器用，而财物器用就充足了。兵革器械之类，别国天天把它们丢弃毁坏在原野之中，而我们却修理改进它们，护养它们，并把它们保存在府库里；财物粮食之类，别国天天把它们遗弃糟蹋在田野之中，而我们却把它们储存集聚在粮仓里；有才能技艺的辅佐大臣、健壮勇敢的武士，别国天天让他们在敌人那里受挫折、遭困顿、被消耗，而我们却在朝廷上招募他们、容纳他们、激励他们。像这样，别国一天天衰败，我们却一天天完善；别国一天天贫困，我们却一天天富裕；别国一天天疲劳，我们却一天天安逸。君臣、上下之间，别国是恶狠狠地一天天互相疏远憎恨，我们却诚恳地一天天互相亲近友爱，以此来等待别国的衰败。把自己的国家治理成这样的君主就能称霸了。

立身则从佣俗[①]，事行则遵佣故，进退贵贱则举佣士，之所以接下之人百姓者则庸宽惠，如是者则安存。立身则轻楛，事行则蠲疑[②]，进退贵贱则举佞说[③]，之所以接下之人百姓者则好取侵夺，如是者危殆。立身则憍暴[④]，事行则倾覆，进退贵贱则举幽险诈故[⑤]，之所以接下之人百姓者，则好用其死力矣，而慢其功劳，好用其籍敛矣[⑥]，而忘其本务，如是者灭亡。

**注释**

①佣：通“庸”，平庸，平常。

②蠲juān疑：喜明察而好狐疑。

③佞说：亦作“佞兑”“佞说”，谄谀取悦，亦指谄媚取悦的奸人。一说兑通“锐”，佞锐，指善于谄谀，口才和行动便捷。

④憍jiāo：同“骄”，骄傲，骄矜。

⑤故：巧诈。

⑥籍：古代各种捐税的统称。敛：征收，索取。

**译文**

为人则依从平常的习俗，做事则遵循平常的惯例，在任免、升贬方面则提拔普通人，对待臣下百姓宽容仁爱，像这样的君主能安全生存。为人则轻率恶劣，做事则喜明察而好狐疑，在任免、升贬方面提拔善于谄媚取悦的奸人，对待臣下百姓喜好索取、侵占和掠夺，像这样的君主就危险了。为人则骄傲暴躁，做事则反复无常，在任免、升贬方面则提拔阴险狡诈的人，对待臣下百姓时，利用他们尽力卖命而忽略他们的功劳，利用他们征收赋税而不管他们的本业，像这样的君主就会灭亡。

**此五等者，不可不善择也，王、霸、安存、危殆、灭亡之具也。善择者制人，不善择者人制之；善择之者王，不善择之者亡。夫王者之与亡者、制人之与人制之也，是其为相县也亦远矣。**

**译文**

以上这五种不同的情况，不能不好好地加以选择，这是称王、称霸、安存、危险、灭亡的条件。善于选择的能制服别人，不善于选择的别人就能制服他；善于选择的能称王天下，不善于选择的就会灭亡。那称王和灭亡、制服别人和被别人制服的，其间的差距也太远了。

# 富国

## 题解

本篇为《荀子》第十篇，论述了使国家富足的方法。荀子强调“明分使群”的重要性，认为人组成群体如果没有名分等级就会互相争夺，争夺就会引起混乱，混乱就会穷困，而确定名分等级是使天下富足的方法。荀子提出“节用裕民”的“足国之道”，即节约费用、使百姓富裕，节约费用要依靠礼，使百姓富裕要依靠政策，即“节用以礼”“裕民以政”。荀子主张“尚贤使能”“严明赏罚”，用来刺激百姓的生产积极性，从而保证财物充足；他认为国家的税收和国库的财物只是末节和支流，农业生产才是根本和源泉，因而提倡“节其流”“开其源”，他所提出的“下贫则上贫，下富则上富”的观点有重要的价值。荀子在文中批评了墨子的“非乐”和“节用”的主张，认为“非乐”会使天下混乱，“节用”会使天下贫穷，而实行儒术，天下就能够太平而且富有。

万物同宇而异体，无宜而有用为人[①]，数也。人伦并处[②]，同求而异道，同欲而异知，生也[③]。皆有可也，知愚同；所可异也，知愚分。势同而知异，行私而无祸，纵欲而不穷，则民心奋而不可说也。如是，则知者未得治也，知者未得治则功名未成也，功名未成则群众未县也，群众未县则君臣未立也。无君以制臣，无上以制下，天下害生纵欲。欲恶同物，欲多而物寡，寡则必争矣。故百技所成[④]，所以养一人也。而能不能兼技，人不能兼官[⑤]，离居不相待则穷，群而无分则争。穷者患也，争者祸也，救患除祸，则莫若明分使群矣。强胁弱也，知惧愚也，民下违上，少陵长，不以德为政，如是，则老弱有失养之忧，而壮者有分争之祸矣。事业所恶也[⑥]，功利所好也，职业无分，如是，则人有树事之患，而有争功之祸矣。男女之合，夫妇之分，婚姻娉内送逆无礼[⑦]，如是，则人有失合之忧，而有争色之祸矣。故知者为之分也。

**注释**

①宜：适宜。为：犹“于”。

②伦：类。人伦：指各种类别的人。

③生：通“性”。

④百技：各种手工业工匠。

⑤官：职事，职业。

⑥事业：指劳役之事。

⑦娉pìn：同“聘”。内nà：同“纳”。古代婚有六礼：纳采、问名、纳吉、纳征、请期、亲迎。聘指问名，纳指纳征，亦称纳币。逆：迎。

## 译文

万物同处于宇宙之中而形体各不相同，它们没有固定的用处却都能为人所用，这是自然的道理。各种人共处，有同样的需求，但满足需求的方法却不同，有同样的欲望，但实现欲望的智慧却不同，这是人的本性。人们都有所肯定，这是有智慧的人和愚蠢的人相同的；但各人所肯定的不相同，这是有智慧的人和愚蠢的人的区别。如果地位相同而智慧不同，谋取私利而没有灾害，放纵欲望而没有节制，那么人们将奋起争夺而不能说服了。像这样，有智慧的人就不能治理，有智慧的人不能治理，那么他们的功业和名声就不能成就，他们的功业和名声不能成就，那么众人就没有等级差别，众人没有等级差别，那么君主与臣下的关系就不能确立。没有君主来控制臣下，没有上级来控制下级，那么天下人就会伤害生命放纵欲望。人们喜爱和憎恶同样的东西，可是喜爱的多而东西少，东西少就一定会发生争夺。各种工匠所制成的产品是用来供养一个人的。但是一个人的能力不能同时掌握多种技艺，一个人也不可能同时从事多种职业，人如果离群独居而不互相依赖就会陷入困境，如果群居而没有名分等级就会发生争夺。陷于困境是祸患；争夺是灾祸。解除祸患、免除灾祸，就没有比确定名分等级、使人们组合成群体更好的了。强大的威胁弱小的，有智慧的害怕愚蠢的，下民违抗上级，年轻的欺凌年长的，不根据仁德来处理政事，像这样，那么年老体弱的人就会有无人抚养的忧患，而强壮的人就会有分裂争夺的灾祸了。劳役之事是人们所厌恶的，功名利益是人们所喜爱的，人们的职事没有分工，像这样，那么人们就会有难以树立事业的忧患，而且有互相争夺功劳的灾祸。男女的结合，夫妇的名分，出嫁娶妻、问名纳币、送女迎亲，如果没有礼节规定，那么人们就会有失去家庭的忧患，而有争夺女色的灾祸了。所以有智慧的人为人们规定了名分。

足国之道，节用裕民而善臧其余[①]。节用以礼，裕民以政。彼裕民[②]，故多余，裕民则民富，民富则田肥以易[③]，田肥以易则出实百倍。上以法取焉，而下以礼节用之，余若丘山，不时焚烧，无所臧之，夫君子奚患乎无余？故知节用裕民，则必有仁义圣良之名，而且有富厚丘山之积矣。此无它故焉，生于节用裕民也。不知节用裕民则民贫，民贫则田瘠以秽，田瘠以秽则出实不半。上虽好取侵夺，犹将寡获也，而或以无礼节用之[④]，则必有贪利纠譑之名[⑤]，而且有空虚穷乏之实矣。此无它故焉，不知节用裕民也。《康诰》曰[⑥]："弘覆乎天，若德裕乃身[⑦]。"此之谓也。

## 注释

①臧：通“藏cáng”。

②彼：犹“夫”，发语词。裕民：当作“节用”。

③易：整治。

④以无：当作“无以”。

⑤利：贪。纠：收。诉jiǎo：通“挢”，收取。

⑥《康诰》：《尚书》篇名。

⑦若：顺。裕：富裕。乃：你。

## 译文

使国家富足的方法是，节约费用，使百姓富裕，并妥善贮藏多余的财物。按照礼制节约费用，制定政策使百姓富裕。节约费用，所以财物会有盈余，实行使百姓富裕的政策，所以百姓会富裕，百姓富裕了，那么农田就会肥沃并且得到精心的整治，农田肥沃并且得到精心的整治，那么产量就会增长百倍。君主依照法律规定收取赋税，而百姓按照礼制规定节约使用。这样，剩余的粮食就会堆积如山，即使时常被焚烧，还是多得没有地方贮藏。君子哪里还用担忧没有余粮呢？所以懂得节约费用、使百姓富裕，就一定会拥有仁爱、正义、圣明、善良的名声，而且还会拥有像山丘一样丰富的积蓄。这没有其他的原因，就是在于节约费用、使百姓富裕。不懂得节约费用、使百姓富裕，那么百姓就会贫穷，百姓贫穷了，那么农田就会贫瘠而且荒芜，农田贫瘠而且荒芜，那么产量就还达不到平常的一半。这样，国君即使喜好索取、侵占、掠夺，也还是得到很少，况且有时还没有按照礼制规定节约地使用，那么就一定会有贪婪敛取的名声，并且还会有粮仓空空、穷困贫乏的实际后果。这没有其他的原因，就是因为不懂得节约费用、使百姓富裕。《康诰》说："上天广大地覆盖万物，顺乎其德，就能使你得到富裕。"说的就是这个道理。

礼者，贵贱有等，长幼有差，贫富轻重皆有称者也[①]。故天子袾裷衣冕[②]，诸侯玄裷衣冕[③]，大夫裨冕[④]，士皮弁服[⑤]。德必称位，位必称禄，禄必称用。由士以上则必以礼乐节之，众庶百姓则必以法数制之。量地而立国，计利而畜民，度人力而授事，使民必胜事，事必出利，利足以生民，皆使衣食百用出入相掩[⑥]，必时臧余，谓之称数。故自天子通于庶人，事无大小多少，由是推之。故曰：朝无幸位，民无幸生。此之谓也。轻田野之税，平关市之征，省商贾之数，罕兴力役，无夺农时，如是，则国富矣。夫是之谓以政裕民。

**注释**

①轻重：指尊卑。称chèn：相称，合适。

②袾zhū：同“朱”，大红色。裷：同“衮gǔn”，画龙于衣谓之衮。

③玄：黑色。

④裨pí：古代的次等礼服，与最上等的相对而言。

⑤弁biàn：古代贵族的一种帽子，通常穿礼服时用。皮弁：一种用白鹿皮做成的帽子。服：“服”字下当有“素积”二字，“素积”也作“素绩”，腰间有褶子的素裳，是古代的一种礼服。

⑥出入相掩：指收支平衡。掩，同，合。

## 译文

所谓礼，贵和贱各有等级，长和幼有差别，贫和富，卑和尊，各得其所宜。所以天子穿大红色的龙袍、戴礼帽，诸侯穿黑色的龙袍、戴礼帽，大夫穿次等的礼服、戴礼帽，士戴白鹿皮做的帽子，穿白色褶子裙。德行一定和职位相称，职位一定和俸禄相称，俸禄一定和能力相称。从士以上一定用礼乐制度去节制他们，群众百姓就一定用法度去控制他们。丈量土地的大小来分封诸侯国，计算收益多少来畜养百姓，估量人的能力大小来安排工作，使百姓一定能胜任自己的工作，工作一定能产生收益，而收益又足以养活百姓，使他们的衣食费用等支出能与收入相平衡，一定及时地储藏多余的粮食财物，这叫作合乎法度。从天子到百姓，事情无论大小多少，都要依此类推。所以说：朝廷上没有侥幸获得官位的，百姓中没有侥幸生存的。说的就是这个道理。减轻田地的赋税，整治关卡集市的赋税，减少商人的数量，少兴劳役，不耽误农时，像这样，那么国家就会富裕了。这叫作制定政策使百姓富裕。

人之生，不能无群，群而无分则争，争则乱，乱则穷矣。故无分者，人之大害也；有分者，天下之本利也；而人君者，所以管分之枢要也。故美之者，是美天下之本也；安之者，是安天下之本也；贵之者，是贵天下之本也。古者先王分割而等异之也，故使或美或恶，或厚或薄，或佚或乐①，或劬或劳②，非特以为淫泰夸丽之声③，将以明仁之文、通仁之顺也。故为之雕琢、刻镂、黼黻、文章④，使足以辨贵贱而已，不求其观；为之钟鼓、管磬、琴瑟、竽笙⑤，使足以辨吉凶，合欢定和而已，不求其余；为之宫室台榭⑥，使足以避燥湿，养德辨轻重而已，不求其外。《诗》曰⑦："雕琢其章，金玉其相⑧，亹亹我王⑨，纲纪四方。"此之谓也。

**注释**

①或佚或乐：当作"或佚乐"。

②或劬qú或劳：当作"或劬劳"。劬，劳苦。

③淫泰：淫侈骄恣。夸丽：华丽。

④雕琢：雕刻玉器。刻：雕刻木器。镂：雕刻金器。黼黻fǔ fú：指礼服上所绣的华美花纹，或绣有华美花纹的礼服。文章：错杂的色彩或花纹。

⑤磬：古代打击乐器，状如曲尺，用玉、石或金属制成，悬挂在架上，击之而鸣。管：古乐器名，亦可总称以管发声的乐器。竽：古代的一种吹奏乐器，由排列的竹管制成。笙：管乐器名。

⑥台：高而上平的方形建筑物，供观察眺望用。榭：建在高台上的木屋，多为游观之所。

⑦引诗见《诗经·大雅·棫朴》。

⑧相：质料，本质。

⑨亹wěi亹：勤勉不倦的样子。

## 译文

人活着就不能没有群体，有了群体而没有等级名分就会发生争夺，争夺就会引起混乱，混乱就会穷困。所以没有等级名分，是人类的大祸害；有等级名分，是天下的根本利益；而君主，是掌管等级名分的关键。所以赞美君主，就是赞美天下的根本；维护君主，就是维护天下的根本；尊重君主，就是尊重天下的根本。古时候先王用名分来划分百姓、用等级来区别他们，所以使他们有的人受到褒奖、有的人受到惩罚，有的人尊贵、有的人卑贱，有的人安逸快乐、有的人辛苦劳累，并不是特意用来制造淫侈骄恣、华丽的名声，而是用来明确仁的制度，贯彻仁的秩序。所以在各种器具上雕刻图案、在礼服上绘画华美的花纹，使它们能够用来辨别高贵和卑贱罢了，不追求美观；制作钟、鼓、管、磬、琴、瑟、竽、笙等乐器，使它们能够用来分辨吉凶，得到欢庆与和谐罢了，不追求其他；建造宫、室、台、榭，使它们能够用来避免燥热潮湿，修养德性、分辨尊卑罢了，没有另外的追求。《诗经》说："雕琢它们成文章，金玉方是它本质。勤勤恳恳的君王，治理着四面八方。"说的就是这个道理。

若夫重色而衣之，重味而食之，重财物而制之，合天下而君之，非特以为淫泰也，固以为王天下[①]，治万变，材万物[②]，养万民，兼制天下者[③]，为莫若仁人之善也夫！故其知虑足以治之，其仁厚足以安之，其德音足以化之，得之则治，失之则乱。百姓诚赖其知也，故相率而为之劳苦以务佚之，以养其知也；诚美其厚也，故为之出死断亡以覆救之[④]，以养其厚也；诚美其德也，故为之雕琢、刻镂、黼黻、文章以藩饰之[⑤]，以养其德也。故仁人在上，百姓贵之如帝，亲之如父母，为之出死断亡而愉者，无它故焉，其所是焉诚美，其所得焉诚大，其所利焉诚多。《诗》曰[⑥]："我任我辇，我车我牛，我行既集，盖云归哉！"此之谓也。

## 注释

①王：当为“一”字。

②材：通“裁”，裁制，管理，利用。

③制：当为“利”字之误。

④出死：效死，献出生命。断亡：决死，必死的决心。覆：掩护，捍卫。

⑤藩饰：装饰，文饰。

⑥引诗见《诗经·小雅·黍苗》。

## 译文

至于穿颜色华丽的衣服，吃丰盛的食物，积聚多样的财物为他所掌握，整个天下由他统治，并不是特意用来造成淫侈骄恣，而只是认为统一天下，处理各种变化，管理万物，养育百姓，使天下人都得利，没有比仁人做得更好的了。仁人的智慧足以治理天下，他的仁爱宽厚足以安抚天下，他的美好声誉足以教化天下，得到这样的人天下就安定，失去这样的人天下就混乱。百姓确实依赖他的智慧，所以才一个接一个地替他劳动力求使他安逸，以此来保养他的智慧；百姓确实赞美他的仁厚，所以才出生入死来捍卫解救他，以此来保养他的仁厚；百姓确实赞美他的德行，所以才在各种器具上雕刻图案、在礼服上绘画华美的花纹来装饰他，以此来保养他的德行。所以仁人处在君位上，百姓尊重他就像尊重上帝一样，亲近他就像亲近父母一样，为他出生入死也快乐，这并没有其他的原因，而是因为他所肯定的主张确实好，他所取得的成就确实大，他所带来的利益确实多。《诗》云：“我背东西我拉车，我赶车子我牵牛，我们的行程已完成，都说可以回去了。”说的就是这种情况。

故曰：君子以德，小人以力。力者，德之役也。百姓之力，待之而后功；百姓之群，待之而后和；百姓之财，待之而后聚；百姓之势，待之而后安；百姓之寿，待之而后长。父子不得不亲，兄弟不得不顺，男女不得不欢，少者以长，老者以养。故曰：“天地生之，圣人成之。”此之谓也。

**译文**

所以说：君子依靠道德，小人依靠力气。力气是被德行所役使的。百姓的力气，要依靠君子的道德教化才有功效；百姓的群体，要依靠君子的道德教化才能和睦；百姓的财物，要依靠君子的道德教化才能积聚；百姓的地位，要依靠君子的道德教化才能安定；百姓的寿命，要依靠君子的道德教化才能长久。父子得不到它就不亲近，兄弟得不到它就不和顺，夫妇得不到它就不欢乐，年少的依靠它长大成人，年老的依靠它得到赡养。所以说："天地生育了他们，圣人成就了他们。"说的就是这个道理。

今之世而不然：厚刀布之敛以夺之财，重田野之税以夺之食，苛关市之征以难其事。不然而已矣，有掎挈伺诈[①]，权谋倾覆，以相颠倒，以靡敝之。百姓晓然皆知其污漫暴乱而将大危亡也。是以臣或弑其君，下或杀其上，粥其城[②]，倍其节[③]，而不死其事者，无它故焉，人主自取之也。《诗》曰[④]："无言不雠[⑤]，无德不报。"此之谓也。

**注释**

①有：通"又"。掎挈jǐqiè：也作"掎契"，指摘，指责。

②粥：同"鬻"，卖。

③倍：通"背"。

④引诗见《诗经·大雅·抑》。

⑤雠chóu：应答，报答。

**译文**

现在的时代却不是这样：加剧搜刮金钱货币来掠夺百姓的财产，加重田地的赋税来掠夺百姓的粮食，加重关卡和集市的赋税来阻碍百姓的贸易。不仅如此，他们还故意指责、伺机欺诈，玩弄权谋、倾轧陷害，颠倒是非，竭力破坏。百姓都明明白白地知道他们的污秽卑鄙、残暴淫乱将导致巨大的危难和灭亡。因此有的臣子杀死了他们的君主，有的下级杀死了他们的上级，出卖城池、违背节操而不肯为君主卖命，这没有其他的原因，而是君主咎由自取。《诗经》说："没有话不被应答，没有施恩不被报答。"说的就是这种道理。

兼足天下之道在明分。掩地表亩[①]，刺中殖谷[②]，多粪肥田，是农夫众庶之事也。守时力民，进事长功，和齐百姓，使人不偷，是将率之事也[③]。高者不旱，下者不水，寒暑和节而五谷以时孰[④]，是天下之事也[⑤]。若夫兼而覆之，兼而爱之，兼而制之，岁虽凶败水旱，使百姓无冻馁之患[⑥]，则是圣君贤相之事也。

**注释**

①掩：掩盖，使有植被，指开垦耕种。表亩：立田垄以作标志，指明确田界。表，标记。亩，田垄。

②中："草"的古字。

③率：同"帅"。

④孰：同"熟"。

⑤天下："下"当为衍文。

⑥馁něi：同“馁”，饥饿。

**译文**

使天下都富足的方法在于确定名分。开垦田地，明确田界，铲除杂草，种植谷物，多施粪肥使田地肥沃，这是农夫百姓的事情。遵守农时，使百姓尽力，促进生产，提高功效，使百姓和谐一致，使人们不怠惰，这是将帅的事情。使高处的田地不干旱，低洼的田地不受涝，寒暑协调而五谷按时成熟，这是上天的事情。至于全面地庇护百姓，全面地爱惜老百姓，全面地管理百姓，即使是饥荒歉收、涝灾旱灾的凶年，也使百姓没有受冻挨饿的祸患，这便是圣明的君主和贤能的宰相的事情。

墨子之言，昭昭然为天下忧不足[①]。夫不足，非天下之公患也，特墨子之私忧过计也[②]。今是土之生五谷也，人善治之则亩数盆[③]，一岁而再获之，然后瓜桃枣李一本数以盆鼓[④]，然后荤菜百疏以泽量[⑤]，然后六畜禽兽一而剸车，鼋鼍、鱼鳖、鳅鳣以时别，一而成群，然后飞鸟、凫雁若烟海，然后昆虫万物生其间，可以相食养者不可胜数也。夫天地之生万物也，固有余足以食人矣；麻葛、茧丝、鸟兽之羽毛齿革也[⑥]，固有余足以衣人矣。夫有余不足[⑦]，非天下之公患也，特墨子之私忧过计也。

## 注释

①昭昭然：不安的样子。

②特：只是。过计：过多的考虑。

③盆：古代的量器名，容量为古制十二斗八升，也用为容量单位。

④然后：此外，其次。鼓：计量。

⑤荤菜：有辛味的蔬菜，如葱、蒜、韭、姜之类。疏：通“蔬”。

⑥麻：大麻，皮韧，可以织布。葛：多年生草本植物，茎皮可制葛布。

⑦有余：当为衍文。

## 译文

墨子的言论，惶惶不安地为天下人担忧财物不足。财物不足，并不是天下人共同的祸患，只不过是墨子个人的担忧与过虑。现在那土地上生长五谷，只要人们好好管理它，每亩地就可以产出几盆谷物，一年可以收获两次；此外，瓜、桃、枣、李每一棵的产量也要用盆来计量；其次，各种蔬菜也多得用池泽来量；其次，各种家畜与飞禽走兽每一种就能占满一车；扬子鳄、鱼、鳖、泥鳅、鳝鱼按时产卵繁殖，一只就能繁衍成一群；再次，飞鸟、野鸭、大雁之类多得就像烟波浩渺的大海；还有，昆虫万物生长在天地之间，可以供养人的东西不计其数。天地产出万物，本来就绰绰有余，足以供人食用了；大麻、葛、蚕丝、鸟兽的羽毛、象牙、皮革等，本来就绰绰有余，足以供人穿戴了。那所谓的财物不足，并不是天下人共同的祸患，只不过是墨子个人的担忧与过虑啊。

天下之公患，乱伤之也。胡不尝试相与求乱之者谁也[①]？我以墨子之“非乐”也则使天下乱，墨子之“节用”也则使天下贫。非将堕之也[②]，说不免焉。墨子大有天下，小有一国，将蹙然衣粗食恶[③]，忧戚而非乐，若是则瘠，瘠则不足欲，不足欲则赏不行。墨子大有天下，小有一国，将少人徒，省官职，上功劳苦[④]，与百姓均事业，齐功劳，若是则不威，不威则罚不行。赏不行，则贤者不可得而进也；罚不行，则不肖者不可得而退也。贤者不可得而进也，不肖者不可得而退也，则能不能不可得而官也。若是则万物失宜，事变失应，上失天时，下失地利，中失人和，天下敖然[⑤]，若烧若焦。墨子虽为之衣褐带索[⑥]，嚽菽饮水[⑦]，恶能足之乎？既以伐其本[⑧]，竭其原[⑨]，而焦天下矣。



**注释**

①相与：共同，一道。

②堕 huī：诽谤，诋毁。

③蹙 cù：不安。

④上：通“尚”，崇尚，看重。

⑤敖然：受煎熬的样子，忧虑的样子。敖，通“熬”。

⑥褐hè：粗布衣服。带：腰带，这里用作动词。索：粗绳。

⑦嚽chuò：同“啜”，吃。菽：豆类植物，泛指粗粮。

⑧以：通“已”。

⑨原：“源”的古字，泉源。

**译文**

天下人共同的祸患，是混乱造成的。为什么不试着一道来探求造成混乱的是谁呢？我认为，墨子“非乐”的主张会使天下混乱，墨子“节用”的主张会使天下贫穷。这并不是要诋毁他，而是他的学说不可避免地会这样。如果墨子的权势大到统治了天下，或者小到能统治一个国家，将会不安地穿着粗布衣服、吃着恶劣的事物，忧愁地反对音乐，像这样，生活会很菲薄，生活菲薄就不能满足欲望，不能满足欲望那么奖赏就不能实行。如果墨子的权势大到统治了天下，或者小到能统治一个国家，将会减少仆从，削减官职，崇尚功业而劳苦，和百姓做同样的事情，建立同样的功劳，像这样，君主就会没有威严，没有威严那么惩罚就不能实行。奖赏不能实行，那么有德才的人就不能得到任用；惩罚不能实行，那么无能的人就不能被罢免。有德才的人不能得到任用，无能的人不会被罢免，那么有能力的人和没有能力的人就不能得到相称的职位。像这样，万物就得不到适宜的使用，事件的变化就得不到相应的处理，上失去天时，下失去地利，中失去人和，天下都受着煎熬，就像被火烧焦一样。墨子即使只穿粗布衣服，用粗绳做腰带，吃粗粮，喝白水，又怎能使天下富足呢？既然已经砍断了根本，又竭尽了源头，那么天下就枯竭了。

故先王圣人为之不然。知夫为人主上者不美不饰之不足以一民也，不富不厚之不足以管下也，不威不强之不足以禁暴胜悍也。故必将撞大钟、击鸣鼓、吹笙竽、弹琴瑟以塞其耳，必将錭琢、刻镂、黼黻、文章以塞其目[①]，必将刍豢稻粱、五味芬芳以塞其口[②]，然后众人徒、备官职、渐庆赏、严刑罚以戒其心。使天下生民之属皆知己之所愿欲之举在是于也[③]，故其赏行；皆知己之所畏恐之举在是于也，故其罚威。赏行罚威，则贤者可得而进也，不肖者可得而退也，能不能可得而官也。若是，则万物得宜，事变得应，上得天时，下得地利，中得人和，则财货浑浑如泉源[④]，汸汸如河海[⑤]，暴暴如丘山，不时焚烧，无所臧之，夫天下何患乎不足也？故儒术诚行，则天下大而富[⑥]，使有功，撞钟击鼓而和。

《诗》曰[7]："钟鼓喤喤[8]，管磬玱玱[9]，降福穰穰[10]。降福简简[11]，威仪反反[12]。既醉既饱，福禄来反[13]。"此之谓也。故墨术诚行则天下尚俭而弥贫，非斗而日争，劳苦顿萃而愈无功[14]，愀然忧戚非乐而日不和。《诗》曰[15]："天方荐瘥[16]，丧乱弘多。民言无嘉，憯莫惩嗟[17]。"此之谓也。

**注释**

①琱：同"雕"。

②刍豢chú huàn：牛羊狗猪之类的家畜，可泛指肉类食品。

③是于：犹言"于是"。

④浑gǔn浑：滚滚，大水奔流的样子。

⑤汸pāng汸：同"滂滂"，水流盛大的样子。

⑥大tài：通"泰"，平安。

⑦引诗见《诗经·周颂·执竞》。

⑧喤huáng喤：钟鼓声。

⑨玱qiāng玱：玉相击的声音，也泛指清越的声音。

⑩穰穰：形容多。

⑪简简：盛大的样子。

⑫反bǎn反：慎重和善的样子。

⑬反：通"返"。

⑭顿萃：困顿憔悴的样子。萃，通"悴"。

⑮引诗见《诗经·小雅·节南山》。

⑯荐：重，一再。瘥cuó：病，疫病。

⑰憯cǎn：曾，乃，竟然。惩：鉴戒。

**译文**

先王和圣人做事不是这样，他们知道，作为君主不美化、不修饰就不能够统一百姓，不富足、不丰厚就不能够管理臣民，不威严、不强大就不能够禁止残暴、战胜凶悍。所以一定要撞击大钟、敲打响鼓、吹奏笙竽、弹奏琴瑟来满足耳朵的需要，一定要在各种器具上雕刻图案、在礼服上绘画华美的花纹来满足眼睛的需要，一定要用肉食、细粮、芳香的美味来满足口味的需要，然后，还要增多仆从、完备官职、加重赏赐、严厉刑罚来警戒人心。让天下的百姓都知道自己想要的全在君主这里了，所以君主的奖赏能够实行；都知道自己所畏惧恐慌的全在君主这里了，所以君主的惩罚有威力。奖赏能实行，惩罚有威力，那么有德才的人就能得到任用，无能的人就会被罢免，有能力的人和没有能力的人就能得到相称的职位。像这样，万物就能得到适宜的使用，事件的变化就能得到相应的处理，上得到天时，下得到地利，中得到人和，于是财货就像泉水的源头般滚滚而来，就像江河海洋般浩浩荡荡，就像丘山般高高堆积，即使时常被焚烧，还是没有地方贮藏它们。天下哪里还用担忧财物不足呢？所以儒家的学说如果真正能够实行，那么天下就会太平而且富足，役使百姓而有功效，撞钟敲鼓而和睦相处。《诗经》说："钟鼓声音真洪亮，管磬相和声清脆，天赐幸福多又多。天赐幸福大又广，威严仪容多端庄。既已酒醉饭也饱，福禄往返长又长。"说的就是这种情况。所以墨子的学说如果真的实行，那么天下崇尚节俭却更加贫穷，反对争斗却天天有争斗，勤劳辛苦、困顿憔悴却更无功效，忧愁烦恼地反对音乐却一天天更加不和睦。《诗经》说："上天连续降灾难，丧亡祸乱实在多。百姓没有好话讲，可你何曾惩戒他。"说的就是这种情况。

垂事养民[①]，拊循之[②]，唲呕之[③]，冬日则为之饘粥[④]，夏日则与之瓜麩[⑤]，以偷取少顷之誉焉，是偷道也，可以少顷得奸民之誉，然而非长久之道也。事必不就，功必不立，是奸治者也。傮然要时务民[⑥]，进事长功，轻非誉而恬失民[⑦]，事进矣而百姓疾之，是又不可偷偏者也。徙坏堕落，必反无功。故垂事养誉不可，以遂功而忘民亦不可，皆奸道也。

**注释**

①垂：放下，舍弃。

②拊循：也作"拊巡"，安抚，抚慰。

③唲wā呕：小儿语声，引申指哄逗、疼爱。

④饘zhān粥：稀饭。

⑤麮qù：大麦粥。

⑥僒cáo：通“嘈”，纷杂，嘈杂。要yāo：求取，争取。

⑦恬：安然，满不在乎。

**译文**

放下该做的事而以小恩小惠养育百姓，安抚他们，疼爱他们，冬天为他们准备稀饭，夏天为他们准备瓜果、大麦粥，以此来骗取片刻的名誉，这是一种苟且的做法，可以暂时得到奸邪之民的赞誉，但并不是长久的办法。事业一定不能成就，功绩一定不能建立，这是奸邪的治国方法。忙乱地赶时间而强迫百姓卖力劳动，促进生产，提高功效，轻视百姓的非议和赞美，不在乎丧失民心，事业发展了百姓却怨恨他，这又是一种苟且偏激的做法。最终会毁坏衰败，反而一定会没有功效。所以放下该做的事而骗取名誉不行；为了成就功业而不顾百姓也不行，这些都是奸邪的方法。

故古人为之不然，使民夏不宛暍[①]，冬不冻寒，急不伤力，缓不后时，事成功立，上下俱富，而百姓皆爱其上，人归之如流水，亲之欢如父母，为之出死断亡而愉者，无它故焉，忠信调和均辨之至也[②]。故君国长民者欲趋时遂功，则和调累解[③]，速乎急疾[④]；忠信均辨，说乎赏庆矣，必先修正其在我者，然后徐责其在人者，威乎刑罚。三德者诚乎上，则下应之如景向⑤，虽欲无明达，得乎哉！《书》⑥曰：“乃大明服，惟民其力懋⑦，和而有疾。”此之谓也。

## 注释

①宛暍 yùn yē：中暑。宛，通“蕴”，积聚。暍，中暑，伤暑。

②均辨：公平。辨，通“遍”。

③累解：平正。

④急疾：快速，急切。

⑤景 yǐng：“影”的古字。向：通“响”，回声。

⑥引文见《尚书·康诰》。

⑦惟：语助词。懋 mào：勤勉，努力。

## 译文

所以古人做事就不是这样，让百姓夏天不会中暑，冬天不会挨寒受冻，紧急时不伤害劳力，延缓时不耽误农时，事业成就、功绩建立，君主和臣民都富裕，而百姓都爱戴他们的君主，人们归附他就像水流一样，亲近他就像亲近父母一样高兴，为了他出生入死也快乐，这没有其他的原因，就是因为君主极其忠信、和顺、公平。所以统治国家领导人民的君主，想要争取时间成就功业，那么调和平正比急切快速的做法见效更快，忠信公平比奖赏更让人高兴；一定先纠正自己身上的缺点，过后再批评别人身上的缺点，这比刑罚更有威力。这三种品德如果能真正存在于君主身上，那么臣民就会像影子紧随物形、回响紧随声音一样响应他，即使不想显赫通达也不可能！《尚书》上说："君主十分英明，能制服百姓，百姓就会勤勉又努力，既和谐又迅速。"说的就是这个道理。

故不教而诛，则刑繁而邪不胜；教而不诛，则奸民不惩；诛而不赏，则勤属之民不劝[①]；诛赏而不类，则下疑、俗俭而百姓不一[②]。故先王明礼义以壹之，致忠信以爱之，尚贤使能以次之，爵服庆赏以申重之[③]，时其事、轻其任以调齐之[④]；潢然兼覆之[⑤]，养长之，如保赤子。若是，故奸邪不作，盗贼不起，而化善者劝勉矣。是何邪？则其道易，其塞固，其政令一，其防表明[⑥]。故曰：上一则下一矣，上二则下二矣，辟之若中木[⑦]，枝叶必类本。此之谓也。

**注释**

①属：应作"厉"字，勤勉，劝勉。劝：奖勉，鼓励。

②俭：通"险"。

③爵服：爵位及其相应的服饰。申重：再三，反复强调。

④调齐：调剂，适当地调整。

⑤潢 huàng：同“滉”，大水涌来的样子。

⑥防表：标准。

⑦辟：通“譬”。

## 译文

所以不进行教育就惩罚，那么刑罚繁多却仍然不能战胜邪恶；只教育而不惩罚，那么奸邪的人就得不到惩治；只惩罚而不奖赏，那么勤勉的人就不能得到鼓励；惩罚和奖赏如果不符合条例，那么百姓就会疑惑、风俗就会险恶而百姓就会行动不统一。所以先王彰明礼义来统一百姓的言行；努力做到忠信来爱护百姓；推崇有德才的人、任用有才能的人来安排各级职位；用爵位、服饰、奖赏去反复激励他们；依据时节安排他们的事务、减轻他们的负担来适当调整；广泛全面地保护他们，养育他们，就像保护婴儿一样。像这样，奸诈邪恶就不会发生，盗贼就不会出现，而向善的人就得到鼓励了。这是为什么呢？是因为先王引导为善的方法平易，堵塞邪恶的方法强固有力，他的政令统一，他的标准明确，所以说：上面一心一意，下面就一心一意；上面三心二意，下面就三心二意；就好比草木一样，它的枝叶一定是由根决定的。说的就是这个道理。

不利而利之，不如利而后利之之利也；不爱而用之，不如爱而后用之之功也。利而后利之，不如利而不利者之利也；爱而后用之，不如爱而不用者之功也。利而不利也、爱而不用也者，取天下矣。利而后利之、爱而后用之者，保社稷也。不利而利之、不爱而用之者，危国家也。

**译文**

不让百姓得利而从他们身上取利，不如让他们得利以后再从他们身上取利更有利；不爱护百姓而役使他们，不如爱护他们以后再役使他们更有功效。让百姓得利以后再从他们身上取利，不如让他们得利而不从他们身上取利更有利；爱护百姓以后再役使他们，不如爱护他们而不役使他们更有功效。让百姓得利而不从他们身上取利、爱护百姓而不役使他们，就能得到天下了。让百姓得利以后再从他们身上取利、爱护百姓以后再役使他们，可以保住国家。不让百姓得利而从他们身上取利、不爱护百姓而役使他们，会使国家危险。



观国之治乱臧否，至于疆易而端已见矣[①]。其候徼支缭[2]，其竟关之政尽察[3]，是乱国已。入其境，其田畴秽，都邑露[4]，是贪主已。观其朝廷则其贵者不贤，观其官职则其治者不能，观其便嬖则其信者不悫[5]，是暗主已。凡主相臣下百吏之俗[6]，其于货财取与计数也，须孰尽察[7]，其礼义节奏也，芒轫僈楛[8]，是辱国已。其耕者乐田，其战士安难[9]，其百吏好法，其朝廷隆礼，其卿相调议，是治国已。观其朝廷则其贵者贤，观其官职则其治者能，观其便嬖则其信者悫，是明主已。凡主相臣下百吏之属，其于货财取与计数也，宽饶简易[10]，其于礼义节奏也，陵谨尽察[11]，是荣国已。贤齐则其亲者先贵；能齐则其故者先官，其臣下百吏，污者皆化而修，悍者皆化而愿[12]，躁者皆化而悫[13]：是明主之功已。

**注释**

①易：通“埸yì”，边界。

②候：哨兵。徼jiào：巡逻，巡察。

③竟：通“境”。尽察：极其苛察。

④露：破败，败坏。

⑤便嬖 pián bì：君主左右受宠幸的小臣。

⑥俗：当为“属”字。

⑦须：当为“顺”字。“顺”，通“慎”，谨慎。孰：同“熟”，仔细，周详。

⑧芒：通“茫”，模糊不清，暗昧。轫rèn：柔弱，

懒散。僈楛：怠慢粗疏。

⑨安难：安于困难，不避危难。

⑩宽饶：宽厚。

⑪陵谨：小心谨慎。

⑫愿：质朴，恭谨。

⑬躁：通“剿jiǎo”，狡猾。

**译文**

观察一个国家的治乱好坏，到它的边界，那端倪就已经显露出来了。如果哨兵往返不断地巡逻，边境关卡的管理极其苛察，这就是混乱的国家了。进入国境，它的田地荒芜，城市破败，这就是贪婪的君主了。观察他的朝廷，那地位尊贵的人并不贤能；观察他的官员，那处理政事的人并没有能力；观察他左右的亲信，那得到信任的人并不诚实，这就是昏庸的君主了。凡是君主、宰相、大臣和众官吏这类人，他们对于货物钱财的收取支出的计算，小心仔细、极其苛察；他们对于礼义制度，却茫然懒散、怠慢粗疏，这就是可耻的国家了。农民乐意种田，战士不避危难，众官吏爱好法律，朝廷崇尚礼义，卿相能议论协调，这就是安定的国家了。观察他的朝廷，那地位尊贵的人很贤能，观察他的官员，那处理政事的人很有能力，观察他左右的亲信，那得到信任的人很诚实，这就是贤明的君主了。凡是君主、宰相、大臣和众官吏这类人，他们对于货物钱财的收取支出的计算宽厚、简易，他们对于礼义制度小心谨慎、一丝不苟，这就是昌盛的国家了。如果贤德相等，那么亲近的人先尊贵；如果能力相同，那么有旧交情的人先当官；他的臣下百官，肮脏的都变得美好，凶悍的都变得恭谨，狡猾的都变得朴实，这就是贤明君主的功劳了。

观国之强弱贫富有征：上不隆礼则兵弱，上不爱民则兵弱，已诺不信则兵弱，庆赏不渐则兵弱，将率不能则兵弱。上好功则国贫，上好利则国贫，士大夫众则国贫，工商众则国贫，无制数度量则国贫[①]。下贫则上贫，下富则上富。故田野县鄙者[②]，财之本也；垣窌仓廪者[③]，财之末也。百姓时和、事业得叙者，货之源也；等赋府库者，货之流也。故明主必谨养其和，节其流，开其源，而时斟酌焉，潢然使天下必有余而上不忧不足。如是则上下俱富，交无所藏之，是知国计之极也。故禹十年水，汤七年旱，而天下无菜色者，十年之后，年谷复孰而陈积有余。是无它故焉，知本末源流之谓也。故田野荒而仓廪实，百姓虚而府库满，夫是之谓国蹶。伐其本，竭其源，而并之其末，然而主相不知恶也，则其倾覆灭亡可立而待也。以国持之而不足以容其身，夫是之谓至贪，是愚主之极也。将以求富而丧其国，将以求利而危其身。古有万国，今有十数焉。

是无它故焉，其所以失之一也。君人者亦可以觉矣。百里之国足以独立矣。

## 注释

①制数：限量，定法。度量：限度，限量。

②县、鄙：均为古代行政区划之名。周代五百家为鄙，五鄙为县。此处泛指郊外乡村。

③垣窌yuán jiào：指贮藏粮食财物的地方。垣，矮墙。窌，地窖。

## 译文

观察一个国家的强弱贫富有一定的征兆：君主不崇尚礼义兵力就弱，君主不爱护百姓兵力就弱，已经许诺却不讲信用兵力就弱，奖赏不厚重兵力就弱，将帅无能兵力就弱。君主好大喜功国家就贫穷，君主喜欢财利国家就贫穷，士大夫众多国家就贫穷，工人商人众多国家就贫穷，没有定法限度国家就贫穷。百姓贫穷君主就贫穷，百姓富裕君主就富裕。所以郊外的田野乡村，是财物的根本；货仓粮库，是财物的末节。百姓不失农时、生产有条不紊，这是财货的源泉，按照等级征收的赋税和贮存财物的国库，是财货的末节。所以贤明的君主一定谨慎地维持和谐的局面，节制支流，开发源泉，而且随时仔细斟酌，一定使天下的财富像大水涌来一样有剩余，而君主也不用担忧财物不足了。像这样，那么君主和百姓就都富裕，都没有地方来储藏财物了，这是懂得治国大计达到了顶点。所以夏禹时遇上了十年水灾，商汤时遇到了七年旱灾，但天下没有面带菜色的人，十年之后，谷物又丰收了，而旧有的存粮还有剩余。这并没有其他的原因，可以说是因为他们懂得本与末、源与流的关系。所以田地荒芜而国家的粮仓充实，百姓空无所有而国库满满的，这可以说是国家要灭亡了。砍断了根本，枯竭了源泉，把财物都聚敛到国库中，然而君主、宰相还不知道这样做的危害，那么国家的颠覆灭亡就可以立刻等到了。用整个国家来供养他不能够容纳他这个人，这叫作最大的贪婪，这是最愚蠢的君主了。想要追求富裕反而丧失了自己的国家，想要追求利益反而危害了他自身。古时候有上万个国家，现在只有十几个了，这没有其他的原因，他们丧失国家的原因是一样的。统治人民的君主可以觉醒了。方圆百里的小国是完全能够独立存在的。

凡攻人者，非以为名，则案以为利也，不然，则忿之也。仁人之用国，将修志意，正身行，伉隆高，致忠信，期文理[①]。布衣紃屦之士诚是[②]，则虽在穷阎漏屋[③]，而王公不能与之争名；以国载之，则天下莫之能隐匿也。若是，则为名者不攻也。将辟田野，实仓廪，便备用，上下一心，三军同力[④]，与之远举极战则不可。境内之聚也，保固视可，午其军[5]，取其将，若拨麷[6]。彼得之不足以药伤补败。彼爱其爪牙，畏其仇敌。若是，则为利者不攻也。将修小大强弱之义以持慎之，礼节将甚文，珪璧将甚硕，货赂将甚厚，所以说之者，必将雅文辩慧之君子也。彼苟有人意焉，夫谁能忿之？若是，则忿之者不攻也。为名者否，为利者否，为忿者否，则国安于盘石，寿于旗、翼[7]。人皆乱，我独治；人皆危，我独安；人皆失丧之，我按起而治之[8]。故仁人之用国，非特将持其有而已也，又将兼人。《诗》曰[9]："淑人君子，其仪不忒[10]。其仪不忒，正是四国。"此之谓也。

**注释**

①期：通"綦"，极。

②纠屦xúnjù：用粗麻绳编制的鞋。

③穷阎：陋巷，穷人住的里巷。阎，里巷。漏屋：简陋的房屋。漏，通"陋"。

④三军：周制，诸侯大国三军。中军最尊，上军次之，下军又次之。亦可统称军队。

⑤午："忤""迕"的古字，违逆，触犯。此处是迎击的意思。

⑥拨：折断。麷fēng：通"丰"，蒲草。

⑦旗：通"箕"，箕宿，二十八宿之一。翼：二十八宿之一。这里皆比喻长久。

⑧按：然后。治：疑为“制”，征服的意思。

⑨引诗见《诗经·曹风·鸤鸠》。

⑩忒：差错。

**译文**

凡是进攻别国的，不是为了追求名声，就是为了谋取利益，要不然就是因为怨恨对方。仁人治理国家，将修正思想，端正品行，标举礼义，极尽忠信，推崇礼仪。身穿布衣、脚穿麻鞋的士人如果真能这样，那么即使住在偏僻的里巷、简陋的房屋之中，王公也不能和他争夺名声；把国家委托给他，那么天下就没有谁能隐藏他的德行。像这样，那么追求名声的就不会来攻打了。将开垦田地，充实粮仓，改进器用，上下团结一心，三军共同努力，别国长途跋涉来和他的国家苦战，是不行的。国境内军队聚集，守卫牢固，把握有利时机，迎击敌军，擒获敌将，像拔蒲草一样容易。敌军所得到的还不够用来医治伤员、补救损失。敌人也爱惜自己的武将，畏惧自己的仇敌，像这样，那么谋取利益的就不会来攻打了。将谨慎遵行小国与大国、强国与弱国之间的道义，礼节将十分完善，奉送的玉器将很大，贡献的财物将非常丰厚，用来游说对方的使者一定是文雅、善辩、聪明的君子。那对方假如还有人情味的话，怎么还能怨恨他呢？像这样，因为怨恨而攻战的就不会来攻打了。追求名声的不来攻打，谋取利益的不来攻打，要发泄怨恨的也不来攻打，那么国家就会像磐石一样稳固，像箕宿、翼宿一样长久。别的国家都混乱，只有我的国家安定；别的国家都危险，只有我的国家安全；别的国家都衰败，我然后起来征服他们。所以仁人治理国家，并非只是保住他所有的而已，还要兼并别人的国家。《诗经》说："善人君子啊，仪表举止无差错。仪表举止无差错，四方国家他治理。"说的就是这种情况。

持国之难易：事强暴之国难，使强暴之国事我易。事之以货宝，则货宝单而交不结[①]；约信盟誓，则约定而畔无日[②]；割国之锱铢以赂之[③]，则割定而欲无猒。事之弥烦[④]，其侵人愈甚，必至于资单国举然后已。虽左尧而右舜，未有能以此道得免焉者也。辟之，是犹使处女婴宝珠，佩宝玉，负戴黄金而遇中山之盗也，虽为之逢蒙视[⑤]，诎要桡腘[⑥]，君卢屋妾[⑦]，由将不足以免也[⑧]。故非有一人之道也，直将巧繁拜请而畏事之[⑨]，则不足以为持国安身，故明君不道也[⑩]。必将修礼以齐朝[⑪]，正法以齐官，平政以齐民，然后节奏齐于朝，百事齐于官，众庶齐于下。如是，则近者竞亲，远方致愿，上下一心，三军同力，名声足以暴炙之[⑫]，威强足以捶笞之[⑬]，拱揖指挥[⑭]，而强暴之国莫不趋使，譬之是犹乌获与焦侥搏也[⑮]。故曰：事强暴之国难，使强暴之国事我易。此之谓也。

## 注释

①单：通“殚”，尽。

②畔：通“叛”。

③锱铢zī zhū：锱和铢都是古代的重量单位，比喻微小的数量。

④烦：当作“顺”。

⑤逢蒙视：微眇，指不敢用正眼看。

⑥诎qū：同“屈”，弯曲。要yāo：“腰”的古字。桡náo：弯曲。腘guó：膝后弯曲处。

⑦君：当为“若”字。卢：通“庐”，简陋的房屋。

⑧由：通“犹”。

⑨将：犹“以”。繁：通“敏”，巧敏，指谄媚阿谀。

⑩道：由，遵行。

⑪齐：整治，整理。

⑫暴pù炙：日晒火烤，比喻威慑或熏陶感化。

⑬捶笞：杖击，抽打，此处为镇服的意思。

⑭拱揖：拱手作揖以示敬意，此处比喻闲适、容易。

⑮乌获：秦国的大力士，能举千钧。焦侥yáo：传说中的矮子，身高三尺。

## 译文

保住自己国家的难易：侍奉强暴的国家难，使强暴的国家侍奉自己容易。用财货珍宝去侍奉强暴的国家，那么财货珍宝用光了而关系仍然不能缔结；和他们订盟约、立誓言，那么没几天他们就背信毁约了；割让国家的尺寸之地去贿赂他们，那么割让完毕后他们的欲望却没有满足。侍奉他们越恭顺，他们侵略别人就越厉害，一定要到财物送光、国家全部送给他们，然后才罢休。即使你身边有尧、舜那样的贤人，也不能用这种方法来避免灭亡。打个比方，这就好像让一个姑娘脖子上系着宝珠、身上佩着宝玉、背负着黄金，而遇到了山中的强盗，即使她不敢正眼看强盗，弯腰屈膝，像穷人家里的婢妾一样，还是不能够避免厄运。所以如果没有让本国人民团结一致的方法，只靠谄媚阿谀、跪拜请求而诚惶诚恐地侍奉他们，那是不能够保住国家、保全自身的。所以贤明的君主不这样做。他一定修订礼制来整治朝廷，端正法令来整治官吏，公平地处理政事来整治百姓，然后朝廷上礼仪制度得到严格执行，官府中各种事情处理得有条不紊，群众在下面同心协力。像这样，邻近的国家就会争着来亲近，远方的国家也会表达倾慕之情，国内上下团结一心，三军共同努力，名声足以威慑他们，威力足以镇服他们，从容地指挥，而强暴的国家没有不被驱使的，打个比方，这就好像是大力士乌获与侏儒焦侥搏斗一样。所以说：侍奉强暴的国家难，使强暴的国家侍奉自己容易。说的就是这个道理。

# 君道

**题解**

本篇为《荀子》第十二篇，集中阐述了君主治国所应遵守的原则。荀子强调君主是治国的本源，关系到国家的兴衰存亡，“原清则流清，原浊则流浊”，所以主张君主要“修身”，要以身作则。荀子提出了“有治人，无治法”的观点，强调用人的重要性；主张君主应“慎取相”，选择既有智慧又有仁德的人；应“尚贤使能”，量才用人，这样，君主就能自己安逸却把国家治理好，从而能够称王或称霸。

有乱君，无乱国；有治人，无治法。羿之法非亡也①，而羿不世中；禹之法犹存，而夏不世王。故法不能独立，类不能自行，得其人则存，失其人则亡。法者，治之端也；君子者，法之原也。故有君子，则法虽省，足以遍矣；无君子，则法虽具，失先后之施，不能应事之变，足以乱矣。不知法之义而正法之数者，虽博，临事必乱。故明主急得其人，而暗主急得其势。急得其人，则身佚而国治，功大而名美，上可以王，下可以霸；不急得其人，而急得其势，则身劳而国乱，功废而名辱，社稷必危。故君人者劳于索之，而休于使之。《书》曰②："惟文王敬忌，一人以择。"此之谓也。

**注释**

①羿：古代神话传说中的神射手。

②以下引文见《尚书·康诰》。

**译文**

有使国家混乱的君主，没有自己混乱的国家；有使国家安定的人，没有使国家自己安定的法。后羿的箭法并没有失传，但后羿并不能使后代人都按他的箭法一射即中；禹的法仍然存在，但夏并不能世世代代称王。所以法不能单独起作用，条例不能自动实行，有适合的人，那么法就存在，没有适合的人，那么法就灭亡了。法，是治国的开端；君子，是法的本原。所以有了君子，那么法即使简略，也完全能够涵盖一切；如果没有君子，那么法即使完备，实施也会失去先后次序，如果不能应付事情的变化，就完全能够造成混乱了。不了解法的道理而只是去确定法的条文的人，即使法令繁多，遇事也一定会混乱。所以贤明的君主急于得到人才，而昏庸的君主急于掌握权势。急于得到人才，就会自身安逸而国家安定，功绩伟大而名声美好，上可以称王，下可以称霸；不急于得到人才，而急于取得权势，就会自身劳累而国家混乱，功业衰败而声名狼藉，国家必然危险。所以统治人民的君主，在寻求人才时劳累，而在使用人才时就安逸了。《尚书》说："文王谨慎戒惧，亲自选择一个人。"说的就是这个道理。

合符节、别契券者[1]，所以为信也；上好权谋，则臣下百吏诞诈之人乘是而后欺。探筹、投钩者，所以为公也；上好曲私，则臣下百吏乘是而后偏。衡石、称县者[2]，所以为平也；上好倾覆，则臣下百吏乘是而后险。斗、斛、敦、概者[3]，所以为啧也[4]；上好贪利，则臣下百吏乘是而后丰取刻与，以无度取于民。故械数者，治之流也，非治之原也；君子者，治之原也。官人守数，君子养原，原清则流清，原浊则流浊。故上好礼义，尚贤使能，无贪利之心，则下亦将綦辞让、致忠信而谨于臣子矣。如是则虽在小民，不待合符节、别契券而信，不待探筹、投钩而公，不待衡石称县而平，不待斗斛敦概而啧。故赏不用而民劝，罚不用而民服，有司不劳而事治，政令不烦而俗美，百姓莫敢不顺上之法、象上之志而劝上之事，而安乐之矣。故藉敛忘费，事业忘劳，寇难忘死，城郭不待饰而固，兵刃不待陵而劲[5]，敌国不待服而诎，四海之民不待令而一。夫是之谓至平。《诗》曰[6]："王犹允塞[7]，徐方既来[8]。"此之谓也。

## 注释

①符节：古代符信的一种，用金玉竹木等制作，分为两半，双方各执一半，使用时以两半相合为准。契券：契据，证券，是古代的一种凭证。

②衡石：泛指称重量的器物。衡，秤。石，古代重量单位，一百二十斤为一石。称县：即秤，测量重量的工具。称，秤杆。县，指秤锤。

③斗斛hú：斗和斛是两种量器，十斗为斛，亦泛指量器。敦duì：古代食器，用来盛黍、稷、稻、粱等，也是量黍稷的器具。概：量谷物时用来刮平斗斛的器具。

④啧zé：实情。

⑤陵：磨砺。

⑥引诗见《诗经·大雅·常武》。

⑦王：指周宣王，公元前827—前782年在位。犹：通“猷”，道。允：确实，的确。塞：充满。

⑧徐方：指古徐国。

## 译文

对合符节、辨认契券，是用来讲求信用的；但如果君主喜欢玩弄权术阴谋，那么大臣百官中的欺诈之人就会乘机跟着欺诈。抽签是用来讲求公正的；但如果君主喜欢偏私，那么大臣百官就会乘机跟着行偏私。衡石和秤，是用来讲求公平的；但如果君主喜欢邪僻不正，那么大臣百官就会乘机跟着邪僻不正。斗、斛、敦、概，是用来讲求实情的；但如果君主喜欢贪图财利，那么大臣百官就会乘机跟着去多拿少给、无限度地榨取百姓。所以各种器具度量，只是治国的支流，并非治国的本源；君主，才是治国的本源。官吏遵守具体的规定，君主则保养本源。本源清澈，那么支流就清澈；本源混浊，那么支流就混浊。所以君主如果喜欢礼义，推崇有德才的人、任用有才能的人，没有贪求财利的心思，那么臣下就会极其谦逊推让，极其忠诚信实，谨慎地做一个臣子。像这样，即使是在一般的百姓之中，不用对合符节、辨认契券就能有信用，不用抽签就能做到公正，不用衡石和秤就能做到公平，不用斗、斛、敦、概就能做到符合实情。所以不用奖赏百姓就能勤勉，不用刑罚百姓就能服从，官吏不劳累事情就能处理好，政策法令不繁多习俗就能美好，百姓没有谁敢不顺从君主的法令和意志，为君主的事情尽力，而且对此感到安宁快乐。所以百姓在缴税时不觉得破费，为国家劳作时忘记了劳累，敌寇入侵时能舍生忘死，城墙不用修整就坚固，兵刃不用磨砺就很锋利，敌国不用去征服就屈从，天下的百姓不用命令就能统一，这叫作极其太平。《诗》云：“王道遍行天下，徐国已来归顺。”说的就是这个道理。

请问为人君？曰：以礼分施，均遍而不偏。请问为人臣？曰：以礼待君[①]，忠顺而不懈。请问为人父？曰：宽惠而有礼。请问为人子？曰：敬爱而致文。请问为人兄？曰：慈爱而见友。请问为人弟？曰：敬诎而不苟。请问为人夫？曰：致功而不流，致临而有辨[②]。请问为人妻？曰：夫有礼，则柔从听侍；夫无礼，则恐惧而自竦也[③]。此道也，偏立而乱，俱立而治，其足以稽矣[④]。请问兼能之奈何？曰：审之礼也。古者先王审礼以方皇周浃于天下[⑤]，动无不当也。故君子恭而不难[⑥]，敬而不巩[⑦]，贫穷而不约，富贵而不骄，并遇变态而不穷，审之礼也。故君子之于礼，敬而安之；其于事也，径而不失；其于人也，寡怨宽裕而无阿；其所为身也，谨修饰而不危[⑧]；其应变故也，齐给便捷而不惑；其于天地万物也，不务说其所以然而致善用其材；其于百官之事、技艺之人也，不与之争能而致善用其功；其待上也，忠顺而不懈；其使下也，均遍而不偏；其交游也，缘义而有类；其居乡里也，容而不乱。是故穷则必有名，达则必有功；仁厚兼覆天下而不闵[⑨]，明达用天地、理万变而不疑，血气和平，志意广大，行义塞于天地之间，仁知之极也。夫是之谓圣人，审之礼也。

## 注释

①待：当为“侍”字之误。

②临：近。有辨：指夫妻有别。

③竦sǒng：肃敬，恭敬。

④稽：法式，准则。

⑤方páng皇：翱翔，遨游。周浃jiā：普遍深入。

⑥难：畏惧，担心。

⑦巩：通“恐”，恐惧。

⑧修饰：修养品德。危：通“诡”。欺诈。

⑨闵：穷、尽。

## 译文

请问怎样做君主？回答说：按照礼去施舍，公平而不偏私。请问怎样做臣子？回答说：按照礼去侍奉君主，忠实顺从而不懈怠。请问怎样做父亲？回答说：宽厚慈惠而有礼节。请问怎样做儿子？回答说：尊敬热爱而极有礼貌。请问怎样做哥哥？回答说：仁慈爱人而表现出友爱。请问怎样做弟弟？回答说：要恭敬顺从而不随便。请问怎样做丈夫？回答说：要尽力取得功业而不放纵，尽力亲近妻子而又有夫妻之别。请问怎样做妻子？回答说：丈夫遵守礼就温柔顺从、听命侍奉他，丈夫不守礼就畏惧害怕而自己保持肃敬。这些原则，只能部分做到，国家就会混乱，全部确立，国家就会安定，它们足以作为准则了。请问要全部做到这些该怎么办？回答说：要了解礼。古时先王了解了礼而普遍施行于天下，行动没有不恰当的。所以君子谦恭但不畏惧，恭敬但不恐惧，贫穷却不卑下，富贵却不骄纵，同时遇到各种事变不会束手无策，这是因为了解礼的缘故。所以君子对于礼，恭敬并遵守它；他对于事务，直截了当但不出差错；他对于他人，很少抱怨、宽容但不阿谀；他做人的原则，谨慎修养而不欺诈；他应付事变，敏捷灵活而不迷惑；他对于天地万物，不致力于说明它们形成的原因，而能做到充分利用其材；他对于各级官吏和有技术的人才，不和他们竞争技能的高下，而能做到充分利用他们的功绩；他侍奉君主，忠实顺从而不懈怠；他役使下属，公平而不偏私；他与人交往，依循道义而有法则；他居住在乡里，待人宽容而不胡作非为。所以君子困顿时就一定享有名声，显达时就一定能建立功业；他的仁爱宽厚广覆天下而没有穷尽，他的明智通达能够管理天地万物、处理各种变化而不疑惑，他心平气和，思想宏大，德行道义充满天地之间，仁德智慧达到了极点。这就叫作圣人，这是因为他了解礼的原因啊。



**请问为国？曰：闻修身，未尝闻为国也。君者，仪也[①]，仪正而景正。君者，槃也[②]，槃圆而水圆。君者，**

盂也[3]，盂方而水方。君射则臣决[4]。楚庄王好细腰[5]，故朝有饿人。故曰：闻修身，未尝闻为国也。

## 注释

①仪：古代利用日影来测定时刻的仪器叫作日晷guǐ，一般在晷面的中央立一根垂直的标杆，根据标杆投出的日影方向和长度来确定时刻，“仪”即指此标杆。此句下当有“民者影也”四字。

②槃：同“盘”，木盘，古代盛水器皿。此句下当有“民者水也”四字。

③盂：盛汤浆或饭食的圆口器皿。

④决：通“玦”，古代射箭时套在大拇指上的骨质套子，以便钩弦，此处指射箭的动作。

⑤楚庄王：“庄王”当作“灵王”。楚灵王，公元前540—前529年在位。

## 译文

请问怎样治理国家？回答说：我只听说过怎样修养身心，未曾听说过怎样治理国家。君主，是确定时刻的标杆，百姓，是这标杆的影子，标杆端正，那么影子就端正。君主，是盘子，百姓，是盘子里的水，盘子是圆的，那么盘子里的水也是圆的。君主，是盂，盂是方的，那么盂中的水也是方的。君主射箭，那么臣子就会射箭。楚灵王喜欢细腰的人，所以朝廷上有挨饿的人。所以说：我只听说过怎样修养身心，未曾听说过怎样治理国家。

君者，民之原也，原清则流清，原浊则流浊。故有社稷者而不能爱民，不能利民，而求民之亲爱己，不可得也。民不亲不爱，而求其为己用，为己死，不可得也。民不为己用，不为己死，而求兵之劲，城之固，不可得也。兵不劲，城不固，而求敌之不至，不可得也。敌至而求无危削，不灭亡，不可得也。危削灭亡之情举积此矣，而求安乐，是狂生者也。狂生者不胥时而落[①]。故人主欲强固安乐，则莫若反之民；欲附下一民，则莫若反之政；欲修政美国[②]，则莫若求其人。彼或蓄积而得之者不世绝，彼其人者，生乎今之世而志乎古之道。以天下之王公莫好之也，然而于是独好之[③]；以天下之民莫欲之也，然而于是独为之；好之者贫，为之者穷，然而于是独犹将为之也[④]，不为少顷辍焉。晓然独明于先王之所以得之，所以失之，知国之安危臧否若别白黑。是其人者也，大用之则天下为一，诸侯为臣，小用之则威行邻敌，纵不能用，使无去其疆域，则国终身无故。故君人者，爱民而安，好士而荣，两者无一焉而亡。《诗》曰[⑤]："介人维藩[⑥]，大师维垣[⑦]。"此之谓也。

## 注释

①胥：等待。

②国：当为“俗”字。

③于是：当作“是子”。下面两个“于是”也如此。

④独：当为衍文。

⑤引诗见《诗经·大雅·板》。

⑥介人：善人，指有才德的士人。

⑦大师：大众、百姓。

## 译文

君主，是百姓的本源；本源清澈，那么支流也清澈；本源混浊，那么支流也混浊。所以拥有国家的人如果不能够爱护百姓、不能够让百姓得利，而要求百姓亲近爱戴自己，那是不可能办到的。百姓不亲近不爱戴，而要求百姓为自己所用、为自己卖命，那是不可能办到的。百姓不为自己所用、不为自己卖命，而要求兵力强劲、城防坚固，那是不可能办到的。兵力不强劲、城防不坚固，而要求敌人不来入侵，那是不可能办到的。敌人入侵而要求自己的国家不危险削弱、不灭亡，那是不可能办到的。国家危险、削弱、灭亡的情况全部积聚在这里了，却还想求得安逸快乐，这是无知妄为的人。无知妄为的人，不用等多久就会衰败的。所以君主想要强大稳固、安逸快乐，那就没有什么比得上回到百姓上来；想要使臣下依附、使百姓一心，那就没有什么比得上回到政事上来；想要修明政教、美化风俗，那就没有什么比得上寻求有德才的人。那些有德才的人或许有所积储，因而得到这种人的君主世世代代都有。那些有德才的人，生在现在的时代而向往着古代的治国原则。虽然天下的王公没有谁喜欢古代的治国原则，但是这种人独自喜欢它；虽然天下的百姓没有谁想要古代的治国原则，但是这种人独自遵行它。喜欢古代治国原则的人会贫穷，遵行古代治国原则的人会困厄，但是这种人还是要去遵行它，并不因此而停止片刻。唯独这种人清楚地了解古代帝王取得国家政权的原因和失去国家政权的原因，了解国家的安危、好坏就像分辨黑白一样。这种人，如果君主重用他，那么天下就能统一，诸侯就会称臣；如果君主泛泛地任用他，那么威势也能扩展到邻邦敌国；纵使君主不能任用他，只要让他不离开自己的国土，那么国家在他活着的时候就不会有什么祸患。所以统治人民的君主，爱护百姓就会安宁，喜欢士人就会繁荣，两者一样也没有就会灭亡。《诗经》说："贤士是国家的屏障，百姓是国家的围墙。"说的就是这个道理。



道者，何也？曰：君道也[①]。君者，何也？曰：能群也。能群也者，何也？曰：善生养人者也，善班治人者也[②]，善显设人者也[③]，善藩饰人者也。善生养人者人亲之，善班治人者人安之，善显设人者人乐之，善藩饰人者人荣之。四统者俱而天下归之[④]，夫是之谓能群。不能生养人者人不亲也，不能班治人者人不安也，不能显设人者人不乐也，不能藩饰人者人不荣也。四统者亡而天下去之，夫是之谓匹夫。故曰：道存则国存，道亡则国亡。省工贾，众农夫，禁盗贼，除奸邪，是所以生养之也。天子三公[⑤]，诸侯一相，大夫擅官，士保职，莫不法度而公，是所以班治之也。论德而定次，量能而授官，皆使其人载其事而各得其所宜。上贤使之为三公，次贤使之为诸侯，下贤使之为士大夫，是所以显设之也。修冠弁、衣裳、黼黻、文章、雕琢、刻镂皆有等差，是所以藩饰之也。

**注释**

①君道：当为“君之所道”，指君主所遵循的原则。

②班biàn：通“辨”，治理。

③显设：显用，重用。

④俱：具有，具备。

⑤三公：古代三种最高官衔的合称。周以太师、太傅、太保为三公。

**译文**

道是什么意思？回答说：道是君主所遵行的原则。

君主是什么意思？回答说：君主是能够把人组合成群体的意思。所谓能够把人组合成群体，是指什么？回答说：是指善于养育人，善于治理人，善于任用人，善于粉饰人。善于养育人的，人们就亲近他；善于治理人的，人们就顺从他；善于任用人的，人们就喜欢他；善于粉饰人的，人们就赞美他。这四个方面具备了，天下的人就会归顺他，这就叫作能把人组合成群体。不能养育人的，人们就不会亲近他；不能治理人的，人们就不会顺从他；不能任用人的，人们就不会喜欢他；不能粉饰人的，人们就不会赞美他。这四个方面都没有做到，天下的人就会背离他，这就叫作独夫。所以说：道存在，国家就存在，道丧失，国家就灭亡。减少工匠和商人，增多农民，禁止盗贼，铲除奸诈邪恶之人，这就是用来养育人的方法。天子下设太师、太傅、太保三公，诸侯下设一个相，大夫独掌其一官职，士谨守自己的职责，没有人不按照法令制度而秉公办事的，这就是用来治理人的方法。审察德行来确定等级，衡量能力来授予官职，使每人都承担他们的职责而且适合各自的才能，上等的贤人让他们担任三公，次一等的贤人让他们做诸侯，下等的贤人让他们当大夫，这就是任用人的方法。修饰帽子、衣裳，在礼服上绘画各种彩色花纹，在各种器具上雕刻图案都有等级差别，这就是用来粉饰人的方法。

故由天子至于庶人也，莫不骋其能，得其志，安乐其事，是所同也。衣暖而食充，居安而游乐，事时制明而用足，是又所同也。若夫重色而成文章，重味而成珍备[①]，是所衍也[②]。圣王财衍以明辨异，上以饰贤良而明贵贱，下以饰长幼而明亲疏。上在王公之朝，下在百姓之家，天下晓然皆知其非以为异也，将以明分达治而保万世也。故天子诸侯无靡费之用，士大夫无流淫之行，百吏官人无怠慢之事，众庶百姓无奸怪之俗，无盗贼之罪，其能以称义遍矣。故曰："治则衍及百姓，乱则不足及王公。"此之谓也。

**注释**

①味：菜肴，食物。备：完美。

②衍：富足，丰饶。

**译文**

所以从天子直到普通百姓，没有谁不施展自己的才能，实现自己的志向，安宁快乐地从事自己的事情，这是各人相同的。穿得暖，吃得饱，住得安适，玩得快乐，事情处理得及时，制度清楚明白，财物充足，这些又是各人相同的。至于用华丽的颜色绘成衣服上的彩色花纹，汇集多种食物而制成珍馐美味，这是富足的表现。圣明的君主掌握富足的财物来彰明等级的差别，在上用来装饰有德行才能的人而显示地位的高低，在下用来装饰年长和年幼的人而表明亲疏关系。这样，上到君主的朝廷，下到百姓的家庭，天下人都明明白白地知道这并不是用来故意制造等级差别，而是要用来明确名分、达到治理的目的，从而确保万世太平。所以天子诸侯没有浪费的用度，士大夫没有荒淫的行为，群臣百官没有怠慢的政事，群众百姓没有奸邪怪诞的习俗、没有劫掠偷窃的罪行，这就能够称为道义普及了。所以说："国家安定，富裕就会遍及百姓，国家混乱，财物不足会延及天子王公。"说的就是这个道理。

至道大形[①]，隆礼至法则国有常[②]，尚贤使能则民知方，纂论公察则民不疑[③]，赏克罚偷则民不怠[④]，兼听齐明则天下归之。然后明分职，序事业，材技官能，莫不治理，则公道达而私门塞矣，公义明而私事息矣。如是，则德厚者进而佞说者止，贪利者退而廉节者起。《书》曰[⑤]："先时者杀无赦，不逮时者杀无赦。"人习其事而固，人之百事如耳目鼻口之不可以相借官也，故职分而民不探[⑥]，次定而序不乱，兼听齐明而百事不留。如是，则臣下百吏至于庶人莫不修己而后敢安正[⑦]，诚能而后敢受职，百姓易俗，小人变心，奸怪之属莫不反悫。夫是之谓政教之极。故天子不视而见，不听而聪，不虑而知，不动而功，块然独坐而天下从之如一体、如四胑之从心[8]。夫是之谓大形。《诗》曰[9]："温温恭人，维德之基。"此之谓也。

**注释**

①形：表现。

②至法：使法制完善。

③纂：集。纂论：汇集议论。

④克：当作"免"，通"勉"。

⑤引文见伪古文《尚书·胤征》。

⑥探：当作"慢"，怠慢。

⑦正：疑为"止"，指己所立之位。

⑧块然：孤独的样子，独处的样子。胑zhī：同"肢"。

⑨引诗见《诗经·大雅·抑》。

**译文**

最高的治国原则的最充分表现是：尊崇礼义，使法制完善，那么国家就会有秩序；推崇有德才的人、任用有才能的人，那么百姓就会知道方向；汇集议论，公开审察，那么百姓就不会怀疑；奖赏勤劳的人，惩罚怠惰的人，那么百姓就不会懈怠；广泛听取意见，敏捷明智，那么天下人就会归附他。然后明确名分职责，安排工作次序，使用有技术的人，任用有才能的人，没有什么得不到治理，那么公正的道路就畅通了，而行私请托的门路就被堵塞了，公正的义理昌明而谋私的事情就停止了。像这样，那么仁厚的人就得到任用而巧言谄媚的人就被遏止，贪图财利的人被罢免而清廉有节操的人被起用。《尚书》说："在规定时间之前行动的，杀而不赦；没有赶上规定时间而落后的，杀而不赦。"人们熟悉了自己的职业就会固守不变。人们的各种职业，就像耳朵、眼睛、鼻子、嘴巴一样不可以互相替代，所以职责明确后百姓就不会怠慢，等级确定后秩序就不会混乱，广泛听取意见，敏捷明智，那么各种事情就不会拖拉。像这样，那么大臣、百官以及平民百姓无不修养自身以后才敢安于自己所在的职位，真正有才能以后才敢接受官职，百姓改变了习俗，小人转变了思想，奸邪怪诞之人无不变得恭谨朴实。这就叫作政治教化的最高境界。所以天子不用眼睛看就能清楚，不用耳朵听就能明白，不用考虑就能了解事理，不用行动就能成就功业，一个人独自坐着而天下人顺从他就像一个整体一样，就像四肢顺从心的支配一样，这就是最高的治国原则的最充分表现。《诗经》说："温柔谦恭的人们，是以道德为基础。"说的就是这个道理。

为人主者莫不欲强而恶弱，欲安而恶危，欲荣而恶辱，是禹、桀之所同也。要此三欲，辟此三恶[①]，果何道而便？曰：在慎取相，道莫径是矣。故知而不仁不可，仁而不知不可，既知且仁，是人主之宝也，而王霸之佐也。不急得，不知；得而不用，不仁。无其人而幸有其功，愚莫大焉。

**注释**

①辟bì：通“避”，避免。

**译文**

做君主的没有不希望强大而厌恶衰弱的，没有不希望安定而厌恶危险的，没有不希望荣耀而厌恶耻辱的，这是禹和桀所相同的。想要实现这三种希望，避免这三种厌恶，究竟什么方法最便利呢？回答说：在于慎重地选择相，没有什么方法比这个更便捷快速了。所以有智慧而没有仁德不行，有仁德而没有智慧也不行，既有智慧又有仁德，这便是君主的珍宝，是成就王业、霸业的辅佐。君主不急于求得这样的人，是不明智；得到了而不重用，是不仁德。没有这样的人而希望侥幸地建立功业，没有比这更愚蠢了。

今人主有六患[1]：使贤者为之，则与不肖者规之；使知者虑之，则与愚者论之；使修士行之，则与污邪之人疑之。虽欲成功，得乎哉！譬之是犹立直木而恐其景之枉也，惑莫大焉。语曰："好女之色，恶者之孽也。公正之士，众人之痤也。循乎道之人，污邪之贼也。"今使污邪之人论其怨贼而求其无偏，得乎哉？譬之是犹立枉木而求其景之直也，乱莫大焉。

**注释**

①六：当为"大"字之误。

**译文**

现在的君主有很大的祸患：让贤能的人去做事，却和无能的人一起去限制他；让明智的人去考虑问题，却和愚蠢的人一起去评论他；让有道德修养的人去实行，却和肮脏邪恶的人一起去怀疑他。像这样，虽然想要成就功业，能办得到吗？打个比方，这就像竖立一根笔直的木头而怕它的影子弯曲，没有比这更糊涂的了。俗话说："美女的姿色，是丑陋者的灾祸。公平正直的士人，是众人的疖子。遵循道义的人，是肮脏邪恶者的祸害。"现在让肮脏邪恶的人来评判他们所怨恨的人而要求他们没有偏见，能办得到吗？打个比方，这就像竖立一根弯曲的木头而要求它的影子笔直，没有比这更昏乱的了。

故古之人为之不然。其取人有道，其用人有法。取人之道，参之以礼；用人之法，禁之以等。行义动静[①]，度之以礼；知虑取舍，稽之以成；日月积久，校之以功。故卑不得以临尊，轻不得以县重，愚不得以谋知，是以万举不过也。故校之以礼，而观其能安敬也；与之举错迁移[②]，而观其能应变也；与之安燕，而观其能无流慆也[③]；接之以声色、权利、忿怒、患险，而观其能无离守也。彼诚有之者与诚无之者，若白黑然，可诎邪哉！故伯乐不可欺以马[④]，而君子不可欺以人。此明王之道也。

## 注释

①行义：品行，道义。

②举错：任用与废黜。

③流慆tāo：放荡荒淫。

④伯乐：春秋秦穆公时人，以善相马闻名。

## 译文

古代的君主做事就不这样。他选择人有一定的原则，他任用人有一定的方法。选择人的原则，是用礼去检验；

任用人的方法，是用等级去限制。他们的品行举止，用礼来衡量；他们的智慧、谋略和取舍，用成果来考查；他们日积月累的工作，用功绩来考核。所以卑下的人不能用来监督尊贵的人，权轻的人不能用来衡量权重的人，愚蠢的人不能用来考察有智慧的人，如此一切举措都不会失误。所以用礼来考核，观察他是否能安泰恭敬；让他上下调动来回迁移，观察他是否能应付各种变化；让他安逸舒适，观察他是否能不放荡荒淫；让他接触淫声美色、权势货财、怨恨愤怒、祸患艰险，观察他是否能不背离操守。这样，那些确实有德才的人和确实没有德才的人就像白与黑一样分明，还能歪曲吗？所以伯乐不可能被马的好坏欺骗，而君子不可能被人的好坏欺骗。这就是圣明君主的治国原则。

人主欲得善射，射远中微者，县贵爵重赏以招致之[①]，内不可以阿子弟，外不可以隐远人，能中是者取之，是岂不必得之之道也哉！虽圣人不能易也。欲得善驭速致远者[②]，一日而千里，县贵爵重赏以招致之，内不可以阿子弟，外不可以隐远人，能致是者取之，是岂不必得之之道也哉！虽圣人不能易也。欲治国驭民，调壹上下，将内以固城，外以拒难，治则制人，人不能制也，乱则危辱灭亡可立而待也。然而求卿相辅佐，则独不若是其公也，案唯便嬖亲比己者之用也，岂不过甚矣哉！故有社稷者莫不欲强，俄则弱矣；莫不欲安，俄则危矣；莫不欲存，俄则亡矣。古有万国，今有数十焉[③]，是无它故，莫不失之是也。故明主有私人以金石珠玉，无私人以官职事业。是何也？曰：本不利于所私也。彼不能而主使之，则是主暗也；臣不能而诬能，则是臣诈也。主暗于上，臣诈于下，灭亡无日，俱害之道也。夫文王非无贵戚也，非无子弟也，非无便嬖也，倜然乃举太公于州人而用之[④]，岂私之也哉！以为亲邪？则周姬姓也，而彼姜姓也。以为故邪？则未尝相识也。以为好丽邪？则夫人行年七十有二，齫然而齿堕矣[⑤]。然而用之者，夫文王欲立贵道，欲白贵名，以惠天下，而不可以独也，非于是子莫足以举之，故举是子而用之。于是乎贵道果立，贵名果明，兼制天下，立七十一国，姬姓独居五十三人，周之子孙苟不狂惑者，莫不为天下之显诸侯，如是者，能爱人也。故举天下之大道，立天下之大功，然后隐其所怜所爱，其下犹足以为天下之显诸侯。故曰："唯明主为能爱其所爱，暗主则必危其所爱。"此之谓也。

**注释**

①县：同"悬"，悬挂，指挂出布告公开昭示。

②"速"字前当脱一"及"字。

③数十：当作"十数"。

④倜tì然：高超的样子。太公：即太公望吕尚，姜姓，尊称“太公望”。州人：荒野之人。

⑤龋：同“齳yǔn”，没有牙齿。

**译文**

君主想要得到善于射箭的人，要求既射得远又能射中微小目标，就拿出尊贵的爵位、丰厚的奖赏来招引他们，对内不偏袒自己的子弟，对外不埋没关系疏远的人，能够射中目标的人就录取他，这难道不是一定能求得善射者的方法吗？即使是圣人也不能改变。君主想要得到善于驾车的人，车子能快速到达远方，一天能跑千里，就拿出尊贵的爵位、丰厚的奖赏来招引他们，对内不偏袒自己的子弟，对外不埋没关系疏远的人，能够达到目标的人就录取他，这难道不是一定能求得善驭者的方法吗？即使是圣人也不能改变。君主想要治理国家、统治百姓，协调统一君臣上下，对内来巩固城防，对外来抵抗侵略，国家安定就能制服别人，而别人不能制服自己，国家混乱，那么危险、屈辱、灭亡就会立刻到来。然而君主在求取卿相辅佐的时候，却偏偏不像这样的公正，而只任用邪佞之臣和亲近依附自己的人，这难道不是大错特错吗？所以拥有国家的君主没有不希望强盛的，但不久就衰弱了；没有不希望安定的，但不久就危险了；没有不希望国家存在的，但不久就灭亡了。古代有上万个国家，如今只有十几个了，这没有其他的原因，都是在用人上出现了差错。所以贤明的君主有把金石珠玉私自给人的，但没有把官职政务私自给人的。这是为什么呢？回答说：因为私自给人官职根本不利于他所偏爱的人。那些人无能而君主任用他，就是君主昏庸；臣子无能而冒充有才能，就是臣子奸诈。君主在上昏庸，臣子在下奸诈，灭亡就很快了，这是对君主和所偏爱的人都有害处的做法。周文王并不是没有尊贵的亲戚，并不是没有子弟，并不是没有左右宠幸的小臣，但他却高超地在州人中提拔了姜太公并重用他，难道是偏爱他吗？是因为他们是亲戚吗？周文王是姬姓，而太公是姜姓。是因为他们是故交吗？但他们未曾相识。是因为周文王喜爱漂亮吗？姜太公当时的年龄已七十二岁，牙齿已经掉得光秃秃的。然而周文王还是要任用他，那是因为文王想要建立宝贵的治国原则，想要显扬尊贵的名声，以此来造福天下，而这些是不能靠他一个人办到的，但除了姜太公又没有什么人可以选用，所以提拔了这个人并任用他。于是宝贵的治国原则果然建立起来，尊贵的名声果然显扬，全面控制了天下，设置了七十一个诸侯国，其中姬姓诸侯占了五十三个，周室的子孙只要不是精神错乱的人，没有不成为天下显贵的诸侯，像这样，才是能够宠爱人啊。所以实施了天下最高的治国原则，建立了天下最伟大的功绩，然后再偏袒自己所疼所爱的人，最差的也还能成为天下的显贵诸侯。所以说：“只有贤明的君主才能爱护他所宠爱的人，昏庸的君主一定会危害他所宠爱的人。”说的就是这个道理。

墙之外，目不见也；里之前[①]，耳不闻也；而人主之守司，远者天下，近者境内，不可不略知也。天下之变，境内之事，有弛易齵差者矣[②]，而人主无由知之，则是拘胁蔽塞之端也[③]。耳目之明，如是其狭也；人主之守司，如是其广也；其中不可以不知也，如是其危也。然则人主将何以知之？曰：便嬖左右者，人主之所以窥远收众之门户牖向也[④]，不可不早具也。故人主必将有便嬖左右足信者然后可，其知惠足使规物、其端诚足使定物然后可[⑤]，夫是之谓国具。人主不能不有游观安燕之时，则不得不有疾病物故之变焉。如是国者，事物之至也如泉原，一物不应，乱之端也。故曰：人主不可以独也。卿相辅佐，人主之基、杖也[⑥]，不可不早具也。故人主必将有卿相辅佐足任者然后可，其德音足以填抚百姓、其知虑足以应待万变然后可[⑦]，夫是之谓国具。四邻诸侯之相与，不可以不相接也，然而不必相亲也。故人主必将有足使喻志决疑于远方者然后可。其辩说足以解烦，其知虑足以决疑，其齐断足以距难[⑧]，不还秩[⑨]，不反君，然而应薄扞患足以持社稷[⑩]，然后可，夫是之谓国具。故人主无便嬖左右足信者谓之暗，无卿相辅佐足任者谓之独，所使于四邻诸侯者非其人谓之孤，孤独而晻谓之危[11]。国虽若存，古之人曰亡矣。《诗》曰[12]："济济多士，文王以宁。"此之谓也。



**注释**

①里：指居民区，周代以二十五家为一里，里有里门。

②弛易：懈怠，怠慢。齵óu差：参差不齐。

③拘胁：局限与挟制。

④收：约束，控制。门户：古代双扇的门叫"门"，单扇的门叫"户"，均可泛指门。牖yǒu向：牖，窗户；向，朝北的窗户，也可泛指窗户。"门户牖向"喻指君主的耳目。

⑤惠：通"慧"。

⑥基：通"几"，古人坐时凭依或搁置物件的小桌。几杖：喻指君主的依靠。

⑦填zhèn抚：镇定安抚。填，通"镇"。

⑧齐断：果断。距：通"拒"，抵抗，抵御。

⑨还：通"营"，谋求。秩：当为"私"字之误。一说，"还"与"反"同义，"秩"为"职"，"不还秩，不反君"指不待还反请命于君。

⑩薄：急迫；迅速。扞hàn：抵御，抵抗。

⑪晻：同"暗"，昏聩，糊涂。

⑫引诗见《诗经·大雅·文王》。

## 译文

墙壁的外面，眼睛看不到；里门的前面，耳朵听不到；但君主的管辖范围，远的遍及天下，近的在一国之内，不能不大致了解一些情况。天下的变化，境内的事情，有懈怠的，有参差不齐的，然而君主却无从知道这种情况，那么这就是被挟制、被蒙蔽的开端了。耳朵、眼睛的辨察力，是如此的狭窄；君主的管辖范围，是如此的广大；其中的情况不能不了解，如果不了解就会危险。既然如此，那么君主将依靠什么来了解情况呢？回答说：君主的左右亲信和侍从，是君主用来窥测远处、控制群臣百官的耳目，不能不及早准备。所以君主一定要有足够信赖的左右亲信和侍从，然后才可以，他们的智慧足够用来谋划事情，他们的正直真诚足够用来正确判断事物，然后才可以。这种人叫作治理国家所需的人才。君主不可能没有游玩安逸的时候，也不可能没有疾病死亡的变故。像这样，国家的事情还像源泉一样涌来，一件事情不能应付，就是混乱的开端。所以说：君主不能独自一人治国。卿相辅佐，是君主的依靠，不能不及早准备。所以君主一定要有足够胜任的卿相辅佐，然后才可以，他们的好名声足以镇定安抚百姓、他们的智慧和谋略足以应付千变万化，然后才可以。这种人叫作治理国家所需的人才。四方邻近的诸侯国相处，不可能不相互往来，然而不一定相互亲近，所以君主一定要有能够出使到远方去传达旨意、解决疑难的人，然后才可以，他们的辩说足以解除麻烦，他们的智慧和谋略足以解决疑难，他们的果断足以抵御危难，他们不营私利，也不违反君主旨意，然而应付紧急情况、抵御危难却足以保住国家，然后才可以。这种人就是治理国家所需的人才。所以君主没有足够信赖的左右亲信和侍从叫作昏庸，没有足够胜任的卿相辅佐叫作孤独，所任用出使四方邻国的使者不是合适的人叫作孤立，孤立、孤独而昏庸就是危险。国家虽然似乎还存在，但古代的人却说它已经灭亡了。《诗经》说："有了众多的贤能之士，文王才得以安宁。"说的就是这个道理。

材人[①]：愿悫拘录[②]，计数纤啬而无敢遗丧[③]，是官人使吏之材也。修饬端正，尊法敬分而无倾侧之心，守职循业[④]，不敢损益，可传世也，而不可使侵夺，是士大夫官师之材也。知隆礼义之为尊君也，知好士之为美名也，知爱民之为安国也，知有常法之为一俗也，知尚贤使能之为长功也，知务本禁末之为多材也，知无与下争小利之为便于事也，知明制度、权物称用之为不泥也，是卿相辅佐之材也，未及君道也。能论官此三材者而无失其次[⑤]，是谓人主之道也。若是，则身佚而国治，功大而名美，上可以王，下可以霸，是人主之要守也。人主不能论此三材者，不知道此道[⑥]，安值将卑势出劳[⑦]，并耳目之乐[⑧]，而亲自贯日而治详，一内而曲辨之[⑨]，虑与臣下争小察而綦偏能，自古及今，未有如此而不乱者也。是所谓“视乎不可见，听乎不可闻，为乎不可成”，此之谓也。

### 注释

①材人：指量才用人。

②拘录：劳碌，勤劳。拘，同“劬qú”。录，通“碌”。

③纤啬sè：计较细微，吝啬。

④循：当为“修”字。

⑤论官：选用，使任官吏。论，通“抡”，选择，选拔。

⑥道此道：遵循这一原则。

⑦值：通“直”，只，仅。

⑧并bǐng：通“屏”，摒弃。

⑨内：当为“日”字。

### 译文

量才用人的方法：诚实勤劳，计算时非常精细而不敢遗漏，这是做管理一般事务的官吏的人才。约束言行、端正身心，遵守法律、敬重名分，而没有偏斜不正的思想，恪尽职守，修治事业，不敢减损和增加，可以传之后人，而不可以受侵夺，这是做士大夫和群臣百官的人才。知道尊崇礼义是为了使君主尊贵，知道喜爱士人是为了使名声美好，知道爱护民众是为了使国家安定，知道有固定的法律是为了统一习俗，知道推崇有德才的人、任用有才能的人是为了长远的功效，知道致力于根本的农业而限制非根本的工商业是为了增多财富，知道不与下属争夺小利是为了方便办大事，知道明确制度、衡量事物要符合实用是为了不拘泥于成规，这是做卿相辅佐的人才，还没能懂得君主之道。能够选择任用这三种人才而对他们的安排没有失误，这才叫作君主之道。如果这样，那么君主自身安逸而国家安定，功业伟大而名声美好，上可以称王，下可以称霸，这是君主的要领。君主不能选择任用这三种人才，不知道遵循这一原则，而只是降低自己的地位而亲自操劳，摒弃了耳目的享乐，而天天亲自详尽地处理各种事物，一天之内想把各方面的事办好，想和臣下在小事上比明察而追求某一方面的才能，从古到今，还没有这样做而国家不混乱的。这就是所谓"看那些不可能看见的，听那些不可能听见的，做那些不可能成功的"，说的就是这个道理。

# 天 论

## 题解

本篇为《荀子》第十七篇，论述了天人关系的重要问题。荀子认为，天是没有意志的自然之“天”，自然之“天”有其特定的运行规律，不以人的意志为转移；而决定社会治乱与人间祸福的并不是“天”而是“人”，自然界的奇怪现象并不可怕，人为的反常现象才可怕，因而他主张要“明于天人之分”，也就是明了天和人各自发生作用的界限。但他并不认为人力在自然面前毫无办法，而是主张“制天命而用之”。

天行有常[①]，不为尧存，不为桀亡。应之以治则吉，应之以乱则凶。强本而节用，则天不能贫；养备而动时，则天不能病；修道而不贰[②]，则天不能祸。故水旱不能使之饥渴[③]，寒暑不能使之疾，祆怪不能使之凶[④]。本荒而用侈，则天不能使之富；养略而动罕，则天不能使之全；倍道而妄行，则天不能使之吉。故水旱未至而饥，寒暑未薄而疾，祆怪未至而凶。受时与治世同，而殃祸与治世异，不可以怨天，其道然也。故明于天人之分，则可谓至人矣。

## 注释

①常：规律。

②修：当为“循”字。贰：当为“忒”字。

③渴：疑为衍文。

④袄yāo：反常怪异的事物。

## 译文

天的运行有一定的规律，它不因为尧而存在，也不因为桀而灭亡。用导致安定的方法去适应它就吉利，用导致混乱的方法去适应它就凶险。加强农业而节约费用，那么天也不能使人贫穷；衣食给养充分而活动适时，那么天也不能使人生病；遵循规律而不出差错，那么天也不能使人遭遇灾祸。所以水涝旱灾不能使人挨饿，严寒酷暑不能使人生病，反常怪异不能使人遭遇凶险。农业荒废而用度奢侈，那么天也不能使人富裕；衣食给养不足而活动少，那么天也不能使人保全健康；违背规律而任意妄为，那么天也不能使他吉利。所以水涝旱灾还没有来到人就挨饿了，严寒酷暑还没有迫近人就生病了，反常怪异还没有出现人就遭遇凶险了。遭受的天时和社会安定时相同，而灾祸却与社会安定时不同，这不可以埋怨天，这是他治国的方法造成的。所以明白了天与人的区分，就可以称作是至人了。

不为而成，不求而得，夫是之谓天职。如是者，虽深，其人不加虑焉；虽大，不加能焉；虽精，不加察焉：夫是之谓不与天争职。天有其时，地有其财，人有其治，夫是之谓能参[①]。舍其所以参而愿其所参[②]，则惑矣。

**注释**

①参：匹配。

②所以参：用来匹配的东西，指前句的“治”。所参：匹配的东西，指上文的“天”“地”。

**译文**

不做就能成功，不追求就能得到，这叫作天的职能。像这样，虽然深远，至人也不加以考虑；虽然广大，至人也不加以干预；虽然精妙，至人也不加以考察，这叫作不和天争夺职能。天有自己的时令，地有自己的财富，人有自已的治理，这叫作能够互相匹配。人如果舍弃了与天、地相匹配的治理，而期望与自己相匹配的天、地的功能，那就太迷惑了。



列星随旋[①]，日月递炤[②]，四时代御[③]，阴阳大化[④]，风雨博施。万物各得其和以生，各得其养以成，不见其事而见其功，夫是之谓神。皆知其所以成，莫知其无形，夫是之谓天。唯圣人为不求知天。

**注释**

①列星：排列位置固定而定时出现的恒星。

②炤：同“照”。

③代：更迭，交替。御：驾驭，控制。

④大化：指化育万物。

**译文**

群星互相伴随着旋转，太阳和月亮轮流照耀，四季交替运行，阴阳二气化育万物，风雨普遍地施与万物。万物各自得到和气而生长，各自得到滋养而成熟，看不见它化生万物的形迹，只见到它的功效，这就叫作神。都知道它生成万物，却没有人知道它的无形无迹，这就叫作天。只有圣人是不企求了解天的。

天职既立，天功既成，形具而神生，好恶、喜怒、哀乐臧焉，夫是之谓天情。耳目鼻口形能[①]，各有接而不相能也，夫是之谓天官。心居中虚以治五官，夫是之谓天君。财非其类，以养其类，夫是之谓天养。顺其类者谓之福，逆其类者谓之祸，夫是之谓天政。

暗其天君，乱其天官，弃其天养，逆其天政，背其天情，以丧天功，夫是之谓大凶。圣人清其天君，正其天官，备其天养，顺其天政，养其天情，以全其天功。如是，则知其所为，知其所不为矣，则天地官而万物役矣。其行曲治[2]，其养曲适，其生不伤，夫是之谓知天。

**注释**

①形能：读为“形态”。

②曲：指各个方面。

**译文**

天的职能已经确立，天的功绩已经成就，人的形体具备而精神也就产生了，喜爱和厌恶、高兴和愤怒、悲哀和欢乐蕴藏其中，这些叫作天情。耳朵、眼睛、鼻子、嘴巴、身体，它们各有自己的感受对象而不能互相替代，这些叫作天官。心处于身体中空的部位，用来管理这五种感官，这叫作天君。人类能够利用不是同类的万物，用来供养自己的同类，这叫作天养。顺从自己同类的需求叫作福，违反自己同类的需求叫作祸，这叫作天政。蒙蔽了天君，扰乱了天官，抛弃了天养，违反了天政，背离了天情，以致丧失了天的功绩，这叫作大凶。圣人澄清天君，管理好天官，完备天养，顺应天政，保养天情，从而完成了天的功绩。像这样，就是明白了自己应该做什么和不应该做什么了，天地就能被利用而万物就能被役使了。他的行为能够处处有条理，他的保养能够处处适当，他的生命能够不受伤害，这就叫作了解了天。



故大巧在所不为，大智在所不虑。所志于天者[1]，已其见象之可以期者矣[2]；所志于地者，已其见宜之可以息者矣[3]；所志于四时者，已其见数之可以事者矣[4]；所志于阴阳者，已其见知之可以治者矣[5]。官人守天而自为守道也[6]。

**注释**

①志：知，了解。

②已：同“以”。期：预知，料想。

③宜：适宜，此处指适宜农作物生长的条件。息：滋息，生长。

④数：规律，必然性，此处指带有规律性的时令变化。事：从事，指安排农事。

⑤知：当为“和”字。

⑥官人：任用人。

**译文**

所以最大的技巧在于不去做不该做的事情，最大的智慧在于不去考虑不该考虑的事情。对于天的了解，是根据它所显现的天象可以预知气候的变化；对于地的了解，是利用它所显现的适宜条件可以种植庄稼；对于四季的了解，是根据它们所显现的时令变化可以安排农业生产；对于阴阳的了解，是根据它们所显现的和谐可以治理事物。圣人任用别人来观察这些自然现象而自己去掌握治国的原则。

治乱天邪？曰：日月、星辰、瑞历[①]，是禹、桀之所同也，禹以治，桀以乱，治乱非天也。时邪？曰：繁启蕃长于春夏[②]，畜积收臧于秋冬，是又禹、桀之所同也，禹以治，桀以乱，治乱非时也。地邪？曰：得地则生，失地则死，是又禹、桀之所同也，禹以治，桀以乱，治乱非地也。《诗》曰[③]：“天作高山，大王荒之；彼作矣，文王康之。”此之谓也。

**注释**

①瑞：吉祥。历：记录年月日及时令节气的历书，历书是吉祥之书，所以称“瑞历”。

②繁：多。启：发。蕃：茂盛。

③引诗见《诗经·周颂·天作》。

**译文**

社会的安定和混乱，是天决定的吗？回答说：日月、星辰、历象，在禹和桀的时代都是相同的，禹使天下安定，桀使天下混乱，社会的安定和混乱不是天决定的。是季节造成的吗？回答说：农作物在春夏纷纷发芽、茂盛地生长，在秋冬积蓄、贮藏，这又是禹和桀的时代都相同的，禹使天下安定，桀使天下混乱，社会的安定和混乱并不是季节造成的。是大地造成的吗？回答说：农作物得到土地就生长，失去了土地就死亡，这又是禹和桀的时代都相同的，禹使天下安定，桀使天下混乱，社会的安定和混乱并不是大地造成的。《诗经》说："上天生成高大的岐山，太王将它开辟。太王已经造此都，文王使它长安宁。"说的就是这个道理。

天不为人之恶寒也辍冬①，地不为人之恶辽远也辍广，君子不为小人匈匈也辍行②。天有常道矣，地有常数矣，君子有常体矣③。君子道其常而小人计其功。《诗》曰："何恤人之言兮？④"此之谓也。

**注释**

①辍chuò：废止。

②"小人"下当有一"之"字。匈匈：讻讻，喧哗，吵嚷。

③体：体统，规矩。

④引诗不见于今本《诗经》，为佚诗。前疑脱"礼义之不愆"五字。愆qiān，违背，违失。

## 译文

天并不因为人们厌恶寒冷就取消冬天，地并不因为人们厌恶辽远就不再宽广，君子并不因为小人的喧哗就停止自己的行为。天有恒常的规律，地有恒常的法则，君子有恒常的规矩。君子遵行常规，而小人计算功利。《诗经》说："礼义我从来不违背，何必担忧别人的议论！"说的就是这个道理。

楚王后车千乘，非知也；君子啜菽饮水，非愚也：是节然也[①]。若夫心意修[②]，德行厚，知虑明，生于今而志乎古，则是其在我者也。故君子敬其在己者，而不慕其在天者；小人错其在己者[③]，而慕其在天者。君子敬其在己者而不慕其在天者，是以日进也；小人错其在己者而慕其在天者，是以日退也。故君子之所以日进与小人之所以日退，一也。君子小人之所以相县者，在此耳！

## 注释

①节然：偶然，恰好如此。

②心：当为"志"。

③错：通"措"，搁置。

## 译文

楚王后面随从的车子有上千辆，并不是他聪明；君子吃粗粮、喝白水，并不是他愚蠢：这是偶然的时运。至于思想美好，德行敦厚，谋虑精明，生在现在而向往着古代，这是我们自己决定的事情。所以君子慎重地对待取决于自己的事情,而不去羡慕那些取决于天的事情；小人舍弃那些取决于自己的事情，而羡慕那些取决于天的事情。君子慎重地对待取决于自己的事情，而不去羡慕那些取决于天的事情，因此一天天进步；小人舍弃那些取决于自己的事情，而羡慕那些取决于天的事情，因此一天天退步。所以君子一天天进步的原因和小人一天天退步的原因，是一样的。君子和小人相差悬殊的原因就在这里。

星队、木鸣，国人皆恐，曰：是何也？曰：无何也。是天地之变、阴阳之化、物之罕至者也，怪之可也，而畏之非也。夫日月之有蚀，风雨之不时，怪星之党见[①]，是无世而不常有之[②]。上明而政平，则是虽并世起，无伤也；上暗而政险，则是虽无一至者，无益也。夫星之队、木之鸣，是天地之变、阴阳之化、物之罕至者也，怪之可也，而畏之非也。物之已至者，人祆则可畏也。楛耕伤稼，耘耨失萝[③]，政险失民，田薉稼恶[4]，籴贵民饥，道路有死人，夫是之谓人祆。政令不明，举错不时，本事不理，夫是之谓人祆。礼义不修，内外无别，男女淫乱，则父子相疑[5]，上下乖离，寇难并至，夫是之谓人祆。祆是生于乱。三者错，无安国。其说甚尔[6]，其菑甚惨。勉力不时，则牛马相生，六畜作祆[7]，可怪也，而不可畏也[8]。传曰："万物之怪，书不说。"无用之辩，不急之察，弃而不治。若夫君臣之义，父子之亲，夫妇之别，则日切瑳而不舍也[9]。

**注释**

①党：同"傥"，或者，偶然。

②常：通"尝"，曾经。

③楛耕：草率耘锄。耘耨 nòu 失薉 huì：当作"楛耘伤岁"。

④薉：荒芜。

⑤则：当为衍文。

⑥尔：通"迩"，浅近。

⑦"勉力不时，则牛马相生，六畜作祆"当在上文"本事不理"之下。

⑧不：当作"亦"。

⑨瑳cuō：通"磋"。

## 译文

流星坠落、树木发声，众人都害怕，说：这是为什么呢？回答说：这没有什么。这是天地的变异、阴阳二气的变化、事物中很少出现的现象，觉得它奇怪是可以的，但害怕它就错了。那太阳、月亮发生日食、月食，风雨不合时节地到来，奇怪的星星偶尔出现，这些现象没有哪个时代不曾出现过。君主贤明而政治安定，那么这些现象即使同时出现，也没有什么危害；君主昏庸而政治险恶，那么这些现象即使没有一样出现，也没有什么好处。流星坠落、树木发声，这是天地的变异、阴阳二气的变化、事物中很少出现的现象，觉得它奇怪是可以的，但害怕它就错了。在已经出现的事物中，人为的反常现象才是可怕的。粗劣的耕作伤害了庄稼，草率的耘锄妨害了收成，政治险恶而失去了民心，田地荒芜而庄稼长不好，米价昂贵而百姓挨饿，道路上有死人，这些叫作人为的反常现象。政令不明确，措施不合时宜，农业生产不加管理，发动劳役不顾农时，那么牛会生出马、马会生出牛，六畜就会出现怪异的现象，这些叫作人为的反常现象。礼义不加整顿，内外没有分别，男女淫荡混乱，父子互相猜疑，君臣互相背离，外寇内乱同时到来，这叫作人为的反常现象。人为的反常现象产生于混乱。这三类反常现象交错发生，就没有安定的国家。这种道理解说起来很浅显，但它造成的灾祸却非常惨重。

这是奇怪的，也是可怕的。古书上说："各种事物的怪现象，经书上不作解说。"没有用处的辩说，不是急需的明察，应该舍弃而不加研究。至于那君臣之间的道义，父子之间的亲情，夫妻之间的分别，是应该每天研讨而不能舍弃的。

雩而雨[1]，何也？曰：无何也，犹不雩而雨也。日月食而救之，天旱而雩，卜筮然后决大事[2]，非以为得求也，以文之也。故君子以为文，而百姓以为神。以为文则吉，以为神则凶也。

**注释**

①雩yú：古代为求雨而举行的祭祀。

②卜筮shì：古代用龟甲预测吉凶叫卜，用蓍草预测吉凶叫筮，合称卜筮。

**译文**

祭祀求雨就下雨了，为什么呢？回答说：这没有什么，就像不去祭祀求雨而下雨一样。日食、月食发生了就去营救它们，天气干旱就举行祭祀求雨，卜筮然后决定大事，并不是认为能得到所祈求的东西，而只是用来文饰政事罢了。所以君子把它们当作文饰，但百姓把它们当作求神。把它们当作文饰就吉利，把它们当作求神就不吉利了。

在天者莫明于日月，在地者莫明于水火，在物者莫明于珠玉，在人者莫明于礼义。故日月不高，则光晖不赫；水火不积，则晖润不博；珠玉不睹乎外[①]，则王公不以为宝；礼义不加于国家，则功名不白[②]。故人之命在天，国之命在礼。君人者隆礼尊贤而王，重法爱民而霸，好利多诈而危，权谋、倾覆、幽险而尽亡矣。大天而思之，孰与物畜而制之？从天而颂之，孰与制天命而用之？望时而待之，孰与应时而使之？因物而多之，孰与骋能而化之？思物而物之，孰与理物而勿失之也？愿于物之所以生，孰与有物之所以成？故错人而思天，则失万物之情[③]。

**注释**

①睹：当作“睹dǔ”，显露。

②白：显明，显赫。

③失：违背，背离。情：实情，真实情况。

**译文**

在天上的东西没有比太阳、月亮更明亮的了，在地上的东西没有比水、火更明亮的了，在物品之中没有比珍珠、宝玉更明亮的了，在人间没有比礼义更明亮的了。太阳、月亮如果不高悬于空中，那么它们的光辉就不显赫；水、火如果不积聚，那么它们的光泽就不广大；珍珠、宝玉的光彩如果不显露于外，那么王公就不会把它们当作宝贝；礼义不在国内施行，那么功业和名声就不会显明。所以人的命运取决于天，国家的命运取决于礼义。统治人民的君主，推崇礼义、尊重贤人，就能称王；重视法律、爱护人民，就能称霸；喜欢财利、多行欺诈，就会危险；玩弄权术、反复无常、阴暗险恶，就会灭亡。尊崇天而仰慕它，哪里比得上把它作为物资积蓄起来而控制它？顺从天而歌颂它，哪里比得上掌握自然规律而利用它？盼望时令而等待它，哪里比得上顺应天时而使它为我所用？随顺万物而让它自然增长，哪里比得上施展才能而改变它？思慕万物而把它当作自己的所有物，哪里比得上管理好万物而不失去它？希望了解万物产生的原因，哪里比得上掌握万物成长的原因？所以舍弃了人的努力而寄希望于天，那就背离了万物的实际情况。

百王之无变，足以为道贯[①]。一废一起，应之以贯。理贯不乱。不知贯，不知应变。贯之大体未尝亡也。乱生其差，治尽其详。故道之所善，中则可从，畸则不可为，匿则大惑[②]。水行者表深，表不明则陷；治民者表道，表不明则乱。礼者，表也。

非礼，昏世也。昏世，大乱也。故道无不明，外内异表，隐显有常，民陷乃去。

**注释**

①贯：一贯的原则。

②匿tè：“慝”的古字，差错，差误。

**译文**

历代君王都没有改变的东西，足以用来作为道的一贯原则。国家有时衰微有时兴盛，君主用这一贯的原则去应付它。运用好这一贯的原则，国家就不会混乱。如果不了解这一贯的原则，就不知道如何应付变化。这一贯原则的主要内容从来没有消亡过。社会的混乱产生于一贯原则的实施出现差错，社会的安定全在于这一贯原则的实施十分周详。所以道所赞同的原则，如果符合就可以依从，如果偏离就不可以实行，如果违反就会造成极大的迷惑。涉水的人用标志来表明深度，如果标志不明确就会使人陷入深水；治理百姓的君主用标准来表明道，如果标准不明确就会造成混乱。礼就是这个标准。违反了礼，就是昏暗的社会；昏暗的社会，就会大乱。所以道没有不明确的地方，它对外对内都有不同的标准，对看不见和看得见的事情都有恒常的规定，那么百姓的灾难就可以避免了。

万物为道一偏[1]，一物为万物一偏，愚者为一物一偏，而自以为知道，无知也。慎子有见于后[2]，无见于先[3]；老子有见于诎[4]，无见于信[5]；墨子有见于齐，无见于畸[6]；宋子有见于少[7]，无见于多。有后而无先，则群众无门；有诎而无信，则贵贱不分；有齐而无畸，则政令不施；有少而无多，则群众不化。《书》曰[8]："无有作好，遵王之道；无有作恶，遵王之路。"此之谓也。

**注释**

①偏：一部分，一方面。

②慎子：即慎到。后：指在后服从。

③先：指在前引导。

④老子：即老聃dān，道家的创始人，姓李，名耳，春秋时期楚国苦县人，著有《老子》。诎：弯曲，指委屈忍让。

⑤信shēn：通"伸"，伸直，伸长。

⑥畸jī：原指不规则的田，引申指不整齐的，此处指等级差别。

⑦宋子：即宋钘。

⑧引文见《尚书·洪范》。

## 译文

万物只体现了道的一部分，某一事物只是万物的一部分，愚昧的人只认识了某一种事物的一个方面，却自以为知晓了道，这是无知。慎子只看到了在后服从的一面，但没看到在前引导的一面；老子只看到了委屈忍让的一面，但没看到积极进取的一面；墨子只看到了齐同平等的一面，但没看到等级差别的一面；宋子只看到了寡欲的一面，但没看到多欲的一面。只在后服从而不在前引导，那么群众就没有继续前进的门径；只委屈忍让而不积极进取，那么高贵和卑贱就不会有分别；只有齐同平等而没有等级差别，那么政策法令就不能实施；只有寡欲而不见多欲，那么群众就得不到教化。《尚书》说：“不要有所偏好，要遵循先王的大道；不要有所偏恶，要遵循先王的正路。”说的就是这个道理。

# 礼论

## 题解

本篇为《荀子》第十九篇，系统讨论了礼的起源、内容和作用等问题。荀子认为，人生来就有欲望，而礼是后天人为形成的。礼一方面可以满足人生来就有的欲望，另一方面可以区分贵贱、尊卑、长幼的等级差别。礼是人道的最高标准，是治国的根本，天下遵从礼就能得到治理、安定、存续，不遵从礼就会混乱、危险甚至灭亡。在各种礼节仪式中，荀子尤其重视丧礼，因为丧礼集中体现了礼的精神，他认为严肃慎重地对待生死，是君子之道，并在文中进行了详细的说明。

礼起于何也？曰：人生而有欲，欲而不得，则不能无求；求而无度量分界，则不能不争；争则乱，乱则穷。先王恶其乱也，故制礼义以分之，以养人之欲[①]，给人之求，使欲必不穷乎物[②]，物必不屈于欲[③]，两者相持而长，是礼之所起也。

## 注释

①养：供给，满足。

②穷：不足。

③屈jué：竭尽，穷尽。

**译文**

礼是如何产生的呢？回答说：人生来就有欲望，欲望如果不能得到满足，就不能不去追求；追求如果没有名分限度，就会产生争斗；争斗就会引起混乱，混乱就会陷入困境。先王憎恶这样的混乱，于是制定礼义来区分界限，来满足人民的欲望，来供给人的需求，使人的欲望不会因财物不足而无法满足，使财物不会因为满足人的欲望而被耗尽，财物和欲望互相扶持而能长久，这就是礼的起源。

故礼者，养也。刍豢稻粱[①]，五味调香[②]，所以养口也；椒兰芬苾[③]，所以养鼻也；雕琢、刻镂、黼黻、文章，所以养目也；钟鼓、管磬、琴瑟、竽笙，所以养耳也；疏房、檖貌、越席、床笫、几筵[④]，所以养体也。故礼者，养也。

**注释**

①稻粱：稻和粱。粱，即“粟”，通称“谷子”，去壳后称“小米”

②香：当作“盉hé”，调味，后通作“和”。

③椒：木名，即花椒，落叶灌木或小乔木，具有香

气。芬苾bì：芳香。

④疏房：通明的房屋。檖貌suì mào：深邃的宫室。檖，通“邃”，深邃。貌，同“貌”，貌通“庙”，宫室。越席：蒲草编织的席子。床笫zǐ：床和垫在床上的竹席，泛指床铺。几筵yán：犹几席，是古人凭依、坐卧的器具。

**译文**

所以礼是满足人的欲望的。牛羊狗猪、稻米谷子、五味调料，是用来满足嘴巴的欲望的。椒树兰草，气味芳香，是用来满足鼻子的欲望的；在各种器具上雕刻图案、在礼服上绘画华美的花纹，是用来满足眼睛的欲望的；钟鼓、管磬、琴瑟、竽笙各种乐器，是用来满足耳朵的欲望的；通明的房屋、深邃的宫室、蒲草的席子、床铺和几席，是用来满足身体的欲望的。所以说，礼是满足人的欲望的。

君子既得其养，又好其别。曷谓别？曰：贵贱有等，长幼有差，贫富轻重皆有称者也。故天子大路越席[①]，所以养体也；侧载睪芷[②]，所以养鼻也；前有错衡[③]，所以养目也；和鸾之声[④]，步中《武》、《象》[⑤]，趋中《韶》、《护》[⑥]，所以养耳也；龙旗九斿[⑦]，所以养信也；寝兕、持虎、蛟韅、丝末、弥龙[8]，所以养威也；故大路之马必倍至教顺，然后乘之，所以养安也。孰知夫出死要节之所以养生也！孰知夫出费用之所以养财也！孰知夫恭敬辞让之所以养安也！孰知夫礼义文理之所以养情也！故人苟生之为见，若者必死；苟利之为见，若者必害；苟怠惰偷懦之为安，若者必危；苟情说之为乐，若者必灭。故人一之于礼义，则两得之矣；一之于情性，则两丧之矣。故儒者将使人两得之者也，墨者将使人两丧之者也，是儒、墨之分也。

**注释**

①大路：即大辂lù，意为大车，多指天子所乘坐的车。

②睪zé芷：香草名。睪，通“泽”。

③错：以金银嵌饰，可泛指镶嵌或绘绣。衡：车辕前端的横木。

④和鸾luán：古代车上的铃铛，挂在车前横木上称“和”，挂在轭首或车架上称“鸾”。

⑤《武》：颂扬周武王战胜商纣王的乐舞。《象》：武王时的乐舞。

⑥趋：疾行，奔跑。《韶》：虞舜时的乐名。《护》：商汤时的乐名。

⑦九斿liú：亦作“九旒”，古代旌旗上的九条丝织垂饰。信：通“神”。

⑧寝兕sì：伏卧的犀牛。持虎：蹲坐的老虎。持，

通“跱”。蛟韅xiǎn：鲛鱼皮做的马肚带。蛟，通“鲛”。末：通“幦mì”，古代车轼上的覆盖物。弥龙：车辕前端横木上镶着的金龙装饰。

**译文**

君子既得到了欲望的满足，又喜好等级的区别。什么是等级的区别？回答说：贵和贱各有等级，长和幼有差别，贫和富，卑和尊，各得其所宜。所以天子乘坐大辂，铺着蒲草编织的席子，是为了满足身体的欲望；车子两边放置香草，是为了满足鼻子的欲望；车辕前端有金银嵌饰的横木，是为了满足眼睛的欲望；车上铃铛的响声，慢行时合于《武》《象》的节奏，疾行时合于《韶》《护》的节奏，这是为了满足耳朵的欲望；车上插着画龙的大旗，旗上有九条长条带饰，这是为了显示他的神气；车轮上画着伏卧的犀牛和蹲坐的老虎，马腹上系着鲛鱼皮制成的带子，车上挂着丝织的帘子，车辕前端横木上镶着金龙，这是为了显示他的威严；拉车的马必须加倍地调教驯服，才能够乘坐，这是为了保证他的安全。谁知道为追求名节而死正是为了满足生的欲望呢？谁知道花费钱财是为了满足获得钱财的欲望呢？谁知道对人恭敬礼让是为了满足自己安定的欲望呢？谁知道遵守礼义是为了满足情性的需求呢？所以如果只知道求生，这样的人就一定要死；如果只知道求利，这样的人就一定会受到损害；如果只把懈怠、懒惰、苟且当作安逸，这样的人一定有危险；如果只把恣情欢悦当作快乐，这样的人一定会灭亡。所以人如果完全用礼义来统一自己的言行，则礼义和性情两个方面可以同时获得；如果用性情来统一自己的言行，则这两个方面会同时失去。儒者是要让人这两个方面同时获得，墨者是要让人这两个方面同时失去，这就是儒家和墨家的区别。

礼有三本①：天地者，生之本也；先祖者，类之本也；君师者，治之本也。无天地恶生？无先祖恶出？无君师恶治？三者偏亡焉，无安人。故礼上事天②，下事地，尊先祖而隆君师，是礼之三本也。

**注释**

①本：根本，本源。

②事：祭祀。

**译文**

礼有三个本源：天地，是生命的本源；先祖，是族类的本源；君师，是治国的本源。如果没有天地，怎么会有生命？如果没有先祖，怎么会有族类？如果没有君师，怎么能够治国？这三者缺少任何一个，人民都不能得到安宁。所以礼就是上祭祀天，下祭祀地，尊敬先祖而崇尚君师，这就是礼的三个本源。

故王者天太祖[1]，诸侯不敢坏，大夫士有常宗[2]，所以别贵始。贵始，得之本也[3]。郊止乎天子[4]，而社止于诸侯[5]，道及士大夫[6]，所以别尊者事尊，卑者事卑，宜大者巨，宜小者小也。故有天下者事十世[7]，有一国者事五世，有五乘之地者事三世，有三乘之地者事二世，持手而食者不得立宗庙，所以别积厚[8]，积厚者流泽广，积薄者流泽狭也。

**注释**

①天太祖：祭天时以太祖配享，太祖指开国天子。

②常宗：永恒的大宗。嫡长子所传之宗，祖庙永不迁变，所以称为“常宗”。

③得：通“德”，德行。

④郊：古代帝王冬至祭天于南郊。

⑤社：祭祀地神。

⑥道：祭路神。

⑦十：应作“七”。

⑧积：通“绩”，功绩，劳绩。



**译文**

所以王祭天时以太祖配享，诸侯不敢迁毁始祖的宗庙，大夫和士有恒常的大宗，这是分别尊崇各自的祖先。

尊崇祖先，是德行的本源。郊祭只有天子可以举行，社祭到诸侯为止，祭路神可延伸至士大夫，这是用来区别尊卑上下，尊贵者祭祀尊贵者，卑贱者祭祀卑贱者，应该大的就大，应该小的就小。所以拥有天下的君主可以建立祭祀七世祖先的宗庙，拥有一国的诸侯可以建立祭祀五世祖先的宗庙，拥有五十里封地的大夫可以建立祭祀三世祖先的宗庙，拥有三十里封地的士可以建立祭祀两世祖先的宗庙，自食其力的人不能够建立宗庙，这是用来分别功绩的大小，功绩大的留传给后世的恩泽就广大，功绩小的留传给后世的恩泽就狭小。

大飨[①]，尚玄尊[②]，俎生鱼[③]，先大羹[④]，贵食饮之本也。飨[⑤]，尚玄尊而用酒醴，先黍稷而饭稻粱。祭[⑥]，齐大羹而饱庶羞[⑦]，贵本而亲用也。贵本之谓文，亲用之谓理，两者合而成文，以归大一[⑧]，夫是之谓大隆[⑨]。故尊之尚玄酒也，俎之尚生鱼也，俎之先大羹也[⑩]，一也。利爵之不醮也[⑪]，成事之不俎不尝也，三臭之不食也[⑫]，一也。大昏之未发齐也[⑬]，大庙之未入尸也[⑭]，始卒之未小敛也[⑮]，一也。大路之素未集也[⑯]，郊之麻绕也[⑰]，丧服之先散麻也[⑱]，一也。三年之丧，哭之不文也[⑲]，《清庙》之歌，一倡而三叹也，县一钟，尚拊之膈[⑳]，朱弦而通越也[㉑]，一也。

## 注释

①大飨xiǎng：在太庙里祭祀祖先。

②玄尊：古代祭礼中盛着清水的酒杯，当酒用的清水称为“玄酒”。

③俎zǔ：盛放祭品的礼器。

④大tài羹：不加调味品的肉汁。

⑤飨：指四季的祭祖。

⑥祭：每月的祭祀。

⑦齐：通“跻jī”，进献。庶羞：多种美味。

⑧大一：即“太一”，指太古时代。

⑨大隆：最隆重的礼节。

⑩俎：当为“豆”，“豆”为古代食器，也做装酒肉的祭器，形似高足盘。

⑪利：在祭祀中将祭品端给尸的人。醮jiào：尽，完。

⑫臭：通“侑yòu”，劝，多用于酒食、宴饮。

⑬昏：结婚，同“婚”。发：举行。齐：通“醮”，古代冠礼、婚礼中的一种简单仪式，尊者给卑者斟酒，卑者接受敬酒后饮尽，不需回敬。一说齐通“斋”，指在祭祀或举行其他典礼前净身洁食。

⑭尸：古代祭祀时代死者受祭的人。

⑮敛：通“殓”，给死者穿衣，入棺。

⑯未：当为“末”。集：当为衍文。

⑰麻绕miǎn：麻布帽。绕，通“冕”。

⑱散麻：服丧时系在腰间的散垂的麻带。

⑲文：当为“反”。

⑳拊、膈：古乐器名。之：当为衍文。

㉑朱弦：染成红色的丝弦。通越：疏通瑟底之孔。

**译文**

在太庙里祭祀祖先，用的是盛清水的酒杯，俎上放上生鱼，先献上不加调味品的肉汁，这是尊重饮食的本源。四季的祭祖，也用盛清水的酒杯，供上甜酒，先献上黍稷，再献上米饭。每月的祭祀，献上没有调味的肉汤，再端上各种美味食物，这是尊重饮食的本源又接近实用。尊重饮食的本源叫作礼的形式，接近实用叫作礼的常理，两者相结合就形成完备的礼节仪式，回归到太古时代的情境，这就叫作最隆重的礼节。所以杯中盛放清水，俎上有生鱼，用豆先敬献不加调味品的肉汤，这是和太古时代一样的。利献上的酒不喝尽，祭祀完毕后俎中的生鱼不吃，劝受祭者吃东西的人劝食三次而自己不吃，这是和太古时代一样的。在婚礼还没有进行醮礼的时候，祭祀太庙而代死者受祭的人还没有进庙时，人刚死还没有换上寿衣时，这是和太古时代一样的。天子的大辂车上素色的车帘，郊祭时的麻布帽，丧服上先系上散乱的麻带，这是和太古时代一样的。三年服丧，哭声直号，唱《清庙》之歌，一人领唱，三个人应和，悬挂一口钟，用拊和膈奏乐，瑟上是染成红色的琴弦，并疏通瑟底之孔，这是和太古时代一样的。

凡礼，始乎棁[1]，成乎文，终乎悦校[2]。故至备，情文俱尽；其次，情文代胜；其下，复情以归大一也[3]。天地以合，日月以明，四时以序，星辰以行，江河以流，万物以昌，好恶以节，喜怒以当，以为下则顺，以为上则明，万物变而不乱，贰之则丧也。礼岂不至矣哉！立隆以为极，而天下莫之能损益也。本末相顺，终始相应，至文以有别，至察以有说。天下从之者治，不从者乱；从之者安，不从者危；从之者存，不从者亡。小人不能测也。

**注释**

①棁：疑为“脱”，简略。

②校xiào：喜悦，愉快。

③大一：指原始朴素状态。

**译文**

礼，从简略开始，通过仪式完成，至使人愉悦结束。所以最完备的礼，情感和仪式均能完全体现出来；其次，情感和仪式互有胜负；再次，使情感复归于原始素朴状态。天地依靠礼而调和，日月依靠礼而明亮，四时依靠礼而有序，星辰依靠礼而运行，江河依靠礼而流动，万物依靠礼而昌盛，好恶依靠礼得到节制，喜怒依靠礼而得当，用礼治理下民，百姓就能够顺服，用礼约束上君，上君就能贤明，万物变化而不混乱，背离了礼则会丧失一切。礼难道不是最高的吗？建立最隆盛的礼仪作为最高的准则，天下没有谁能够对它进行减损和增加。本源和末节相一致，开始和结束相呼应，极其华美又体现差别，极其明察又有其道理。天下遵从礼就能得到治理，不遵从礼就会混乱；遵从礼就能安定，不遵从礼就会危险；遵从礼就能够生存，不遵从礼就会灭亡。小人是不能理解礼的作用的。

礼之理诚深矣，“坚白”“同异”之察入焉而溺；其理诚大矣，擅作典制辟陋之说入焉而丧[①]；其理诚高矣，暴慢、恣睢、轻俗以为高之属入焉而队[②]。故绳墨诚陈矣，则不可欺以曲直；衡诚县矣，则不可欺以轻重；规矩诚设矣，则不可欺以方圆；君子审于礼，则不可欺以诈伪。故绳者，直之至；衡者，平之至；规矩者，方圆之至；礼者，人道之极也。然而不法礼，不足礼[③]，谓之无方之民[④]；法礼，足礼，谓之有方之士。礼之中焉能思索，谓之能虑；礼之中焉能勿易，谓之能固。能虑能固，加好者焉，斯圣人矣。故天者，高之极也；地者，下之极也；无穷者，广之极也；圣人者，道之极也。故学者固学为圣人也，非特学为无方之民也。

**注释**

①辟陋：偏执鄙陋。

②暴慢：凶暴傲慢。恣睢：放纵暴戾。队：同“坠”。

③足礼：重视礼仪。

④方：道理，常规。

**译文**

礼的道理确实深奥，“坚白”“同异”的诡辩进入礼中就被淹没；礼的道理确实博大，擅自制作的典章制度、偏执鄙陋的学说进入礼就会消亡；礼的道理确实高明，凶暴傲慢、放纵暴戾、以轻视习俗为高明的人进入礼中就会被折服。所以墨线确实摆在面前，就不可以用曲直来欺骗人；秤确实悬挂在面前，就不可以用轻重来欺骗人；规和矩确实放置在面前，就不可以用方圆来欺骗人；君子了解礼，就不可以用诈伪来欺骗人。所以墨线是直的标准；秤是公平的标准；规矩是方圆的标准；礼是人道的标准。然而，不遵守礼，不重视礼，称之为无道之民；遵守礼，重视礼，称之为有道之士。在礼的范围内能够思考探索，称之为能够思考；在礼的范围内能够不改变，称之为能够坚定。能够思考又能够坚定，再加上喜好它，就是圣人了。所以天是高的顶点；地是低的顶点；无穷是广大的顶点；圣人是道的顶点。所以学习，本来就是要学习成为圣人，并不是仅仅要学习成为无道的百姓。

礼者，以财物为用，以贵贱为文，以多少为异，以隆杀为要[①]。文理繁[②]，情用省[③]，是礼之隆也；文理省，情用繁，是礼之杀也；文理、情用相为内外表里，并行而杂[④]，是礼之中流也。故君子上致其隆，下尽其杀，而中处其中。步骤、驰骋、厉骛不外是矣[⑤]，是君子之坛宇、宫廷也。人有是，士君子也；外是，民也；于是其中焉，方皇周挟[⑥]，曲得其次序，是圣人也。故厚者，礼之积也；大者，礼之广也；高者，礼之隆也；明者，礼之尽也。《诗》曰[⑦]："礼仪卒度，笑语卒获。"此之谓也。

**注释**

①杀shài：减省。

②文理：礼仪。

③情用：实际耗用之财物。

④杂：通"集"，会集。

⑤步骤：缓行和疾走。驰骋：奔驰。厉骛wù：疾驰。

⑥周挟：普遍深入。挟，通"浃jiā"，通达，和洽，

周遍。

⑦引诗见《诗经·小雅·楚茨》。

**译文**

礼，用财物做工具，用贵贱做文饰，用多少来区别，以隆重和减省为枢要。礼节仪式繁多，实际耗用的财物少，这是礼的隆重；礼节仪式减省，实际耗用的财物多，这是礼的减省；礼节仪式和实际耗用的财物互为内和外、表和里的关系，并行不悖，这是礼的适中。所以君子对于大礼要尽量隆重，对于小礼要尽量减省，对于中等的礼要适当。缓行、快跑、疾驰，都不超过礼的界限，这是君子的安身之所。人能够在礼的范围内行动，就是士君子；超出礼的范围而行动，就是百姓；在礼的范围内，从容随意地行动，各个方面都符合礼的次序，就是圣人。所以敦厚是礼的积累；博大是礼的广阔；崇高是礼的隆盛；光明，是礼的终点。《诗经》说："礼仪完全合法度，谈笑完全合时宜。"说的就是这个道理。

礼者，谨于治生死者也。生，人之始也：死，人之终也。终始俱善，人道毕矣。故君子敬始而慎终。终始如一，是君子之道、礼义之文也。夫厚其生而薄其死，是敬其有知而慢其无知也，是奸人之道而倍叛之心也[①]。君子以倍叛之心接臧谷[②]，犹且羞之，而况以事其所隆亲乎！故死之为道也，一而不可得再复也，臣之所以致重其君，子之所以致重其亲，于是尽矣。故事生不忠厚、不敬文谓之野，送死不忠厚、不敬文谓之瘠。君子贱野而羞瘠，故天子棺椁十重[3]，诸侯五重，大夫三重，士再重；然后皆有衣衾多少厚薄之数、皆有翣菨文章之等以敬饰之[4]，使生死终始若一，一足以为人愿，是先王之道、忠臣孝子之极也。天子之丧动四海，属诸侯[5]；诸侯之丧动通国，属大夫；大夫之丧动一国，属修士；修士之丧动一乡，属朋友；庶人之丧合族党，动州里。刑余罪人之丧不得合族党，独属妻子，棺椁三寸，衣衾三领，不得饰棺，不得昼行，以昏殣[6]，凡缘而往埋之[7]，反无哭泣之节，无衰麻之服[8]，无亲疏月数之等，各反其平，各复其始，已葬埋，若无丧者而止，夫是之谓至辱。

**注释**

①倍：通“背”，背弃，背叛。

②臧谷：奴仆和小孩。

③棺椁guǒ：古代的棺材有多层，最里面的叫作“棺”，套在“棺”外的大棺叫作“椁”。十：当为“七”。

④翣菨shàshà：当为“翣蒌liǔ”或“菨蒌”，棺材上的装饰物。菨，同“翣”。

⑤属zhǔ：合，会聚。

⑥殣jìn：掩埋。

⑦凡缘：指平常的服装。缘，衣服的边饰。

⑧衰cuī：古代用粗麻布制成的丧服。

## 译文

礼，是谨慎地处理生死的。生，是人生的开始；死，是人生的终结；终结和开始都处理得很完善，人道就完备了。所以君子严肃地对待开始，慎重地对待终结，以同样的态度对待开始和终结，这就是君子的原则，礼义的表现形式。重视人活着的时候而轻视人的死亡，这是敬重活人有知觉而怠慢死人没有知觉，这是奸邪之人的原则和背叛的心理。君子用背叛的心理去对待奴仆、儿童，尚且感到羞耻，更何况侍奉自己敬爱的君主和父母呢！死亡这件事，每人只有一次而不可能再重复，所以臣子表达对君主的敬重，子女表达对父母的敬重，在这件事上体现得最为充分。所以侍奉生者不忠诚笃厚、不恭敬有礼，称之为粗野；葬送死者不忠诚笃厚、不恭敬有礼，称之为菲薄。君子鄙视粗野而耻于菲薄，所以天子的棺椁有七重，诸侯五重，大夫三重，士两重，其次，衣服被子多少、厚薄都有规定，棺材装饰物及其花纹图案都有等级差别，用这些来恭敬地修饰丧礼，使生前和死后、终结和开始一样，使这始终如一完全满足人们的愿望，这是先王的原则，忠臣孝子的最高准则。天子的丧事惊动天下，汇聚诸侯来送葬；诸侯的丧事惊动友好国家，汇聚大夫来送葬；大夫的丧事惊动一国，汇聚上士来送葬；上士的丧事惊动一乡，汇聚朋友来送葬；百姓的丧事，汇聚同族亲属来送葬，惊动州里。受过刑罚的罪人的丧事，不能集合同族亲属来送葬，只能集合妻子儿女来送葬，棺材三寸厚，衣服被子三套，不能文饰棺材，不能白天送葬，只能在黄昏埋葬，而且妻子儿女只能穿着平常的服装去掩埋，回来后，没有哭泣的礼节，没有披麻戴孝的丧服，没有因为亲疏关系而形成的服丧日期的等级差别，各人都回到平常的状态，各人都恢复到当初的样子，已经埋葬，就像没有丧事一样而终止，这叫作最大的耻辱。

礼者，谨于吉凶不相厌者也[①]。纮纩听息之时[②]，则夫忠臣孝子亦知其闵已[③]，然而殡敛之具未有求也[④]；垂涕恐惧，然而幸生之心未已、持生之事未辍也；卒矣，然后作、具之。故虽备家，必逾日然后能殡，三日而成服。然后告远者出矣，备物者作矣。故殡，久不过七十日，速不损五十日。是何也？曰：远者可以至矣，百求可以得矣，百事可以成矣。其忠至矣，其节大矣，其文备矣。然后月朝卜日，月夕卜宅[⑤]，然后葬也。当是时也，其义止，谁得行之？其义行，谁得止之？故三月之葬，其貇以生设饰死者也[⑥]，殆非直留死者以安生也，是致隆思慕之义也。

**注释**

①厌：掩，侵袭。

②纻纩zhù kuàng：指将新棉絮放在临终者的口鼻前，观察其是否断气。纻，安放。纩，新棉絮。

③闵：病，病危。

④殡：死者入殓后停柩等待安葬。

⑤月朝：月初，疑为“日朝”，指早晨。卜日：占卜选择葬期。月夕：月末，疑为“日末”，指晚上。卜宅：占卜选择葬地。

⑥貌：古“貌”字，外貌，外表。

**译文**

礼，是谨慎地对待吉凶使其互不侵犯的。将新棉絮放在临终者鼻前观察其气息的时候，那么忠臣孝子也知道他病危了，但是停柩入殓的物品却还不去考虑；这时他们流泪恐惧，然而希望他能侥幸活下来的心思还没有止息，维持他生命的事情也没有停止；直到他死了，才开始准备丧葬物品。所以即使是丧葬物品齐备的人家，也必须过了一天之后才能入棺停柩，三天后才穿上丧服守丧。然后去远方报丧的人才出发，准备丧葬物品的人才开始操办。所以停放灵柩的时间，长不超过七十天，短不少于五十天。这是为什么呢？回答说：远方的亲友可以赶到了，各种需求可以获得了，各种事情可以办成了。他们的忠心尽到了，他们的礼节很盛大，他们的仪式也很完备。然后，在早晨占卜下葬的日期，晚上占卜下葬的地点，然后才下葬。在这个时候，那礼义所禁止的事，谁能去做它？那礼义所推行的事，谁能禁止它？所以三个月的葬礼，它表面上是用生者的设施来文饰死者，并不是想保留死者来安慰生者，这是在表达尊重和思念的感情。

丧礼之凡①：变而饰②，动而远③，久而平。故死之为道也，不饰则恶，恶则不哀，尔则玩④，玩则厌⑤，厌则忘⑥，忘则不敬。一朝而丧其严亲，而所以送葬之者不哀不敬，则嫌于禽兽矣⑦。君子耻之。故变而饰，所以灭恶也；动而远，所以遂敬也；久而平，所以优生也⑧。

**注释**

①凡：大旨；大略。

②变：指死。饰：装饰。

③动而远：举行仪式时死者的尸体逐步远离。动，指举行丧礼中的各种仪式。

④尔：通“迩”，近。

⑤玩：轻慢，忽略。

⑥忘：当为“怠”字。

⑦嫌：相近，接近。

⑧优：调和，协调。

**译文**

丧礼的大旨是：人死后需要装饰，从入殓到下葬让尸体逐步远离，时间久了内心便恢复平静。所以料理死亡的道理是：如果不装饰，尸体就难看，难看生者就不哀痛，如果离死者近了，人们就会轻慢，轻慢就会厌弃，厌弃就会怠慢，怠慢就会不恭敬。有朝一日自己尊敬的父母死去，但用来为他们送葬的却是不哀痛、不恭敬（的心情），那就接近于禽兽了。君子以此为耻。所以人死后进行装饰，是用来消除难看的；从入殓到下葬让尸体逐步远离，是用来表达恭敬的；时间久了内心便恢复平静，是用来调养生者的。

礼者断长续短，损有余、益不足，达爱敬之文、而滋成行义之美者也。故文饰、粗恶，声乐、哭泣，恬愉、忧戚，是反也，然而礼兼而用之，时举而代御。故文饰、声乐、恬愉，所以持平奉吉也；粗衰、哭泣、忧戚[①]，所以持险奉凶也。故其立文饰也不至于窕冶[②]；其立粗衰也，不至于瘠弃；其立声乐恬愉也，不至于流淫惰慢[③]；其立哭泣哀戚也，不至于隘慑伤生[④]：是礼之中流也。

## 注释

①衰：据上文，当为“恶”字之误，下同。

②窕yáo冶：浮薄，妖艳。窕，通“姚”，美好。冶，艳丽，妖媚。

③流淫：荒淫。惰慢：懈怠不敬。

④隘慑shè：过度悲戚。隘，穷。慑，悲戚。

## 译文

礼，是截长补短，减损有余、增加不足，表达爱慕恭敬的仪式，从而养成遵行道义的美德。所以文饰和粗陋，音乐和哭泣，快乐和忧愁，这些是相反的，但是礼把它们一并加以应用，适时地拿出来交替使用。文饰、音乐、快乐，是用来对待平安和吉利的事；粗陋、哭泣、忧愁，是用来对待危险和不幸的事。所以礼在确立美化修饰的仪式时，不至于妖艳；在确立粗陋的仪式时，不至于菲薄；在确立音乐、快乐的仪式时，不至于荒淫懈怠；在确立哭泣、悲痛的仪式时，不至于过度悲戚而伤害身体。这就是礼的中道。

故情貌之变足以别吉凶，明贵贱亲疏之节，期止矣[①]，外是，奸也，虽难，君子贱之。故量食而食之，量要而带之。相高以毁瘠[②]，是奸人之道也，非礼义之文也，非孝子之情也，将以有为者也。故说豫娩泽[③]，忧戚萃恶[④]，是吉凶忧愉之情发于颜色者也。歌谣謷笑[⑤]，哭泣谛号[⑥]，是吉凶忧愉之情发于声音者也。刍豢、稻粱、酒醴、餰鬻[⑦]，鱼肉、菽藿、酒浆[⑧]，是吉凶忧愉之情发于食饮者也。卑绕、黼黻、文织[⑨]，资粗、衰绖、菲繐、菅屦[⑩]，是吉凶忧愉之情发于衣服者也。疏房、檖貌、越席、床笫、几筵，属茨、倚庐、席薪、枕块[⑪]，是吉凶忧愉之情发于居处者也。两情者，人生固有端焉。若夫断之继之，博之浅之，益之损之，类之尽之，盛之美之，使本末终始莫不顺比[⑫]，足以为万世则，则是礼也。非顺孰修为之君子莫之能知也。

**注释**

①期：当作“斯”，就。

②毁瘠：因哀伤过度而消瘦。

③说：通“悦”。豫：喜悦，欢快。娩wǎn泽：面色润泽，容光焕发。

④萃：通“悴”，面色憔悴。恶：丑陋，憔悴。

⑤謷áo：同“傲”，戏谑。

⑥谛tí：通“啼”，出声地哭。号háo：大声哭。

⑦餰zhān：同“饘”，厚粥。鬻：同“粥”。

⑧菽藿shū huò：豆和豆叶，泛指粗劣的杂粮。藿，豆叶，嫩时可食。酒：当作“水”。

⑨卑绝：同“裨pí冕”。

⑩资：粗布，此处指用粗布做的丧服。衰绖dié：丧服。绖，古代丧期系在头上或腰间的麻带。菲繐suì：薄而疏的麻布，此处指用薄而疏的麻布做的丧服。菅jiān：茅草。

⑪属茨zhǔ cí：编茅盖屋。倚庐：古人为父母守丧时居住的简陋棚屋。属，连接。茨，盖屋用的草。席薪：以柴草为席。枕块：以土块为枕。

⑫顺比：顺从，和顺。

**译文**

所以神情容貌的变化足以区别吉利和不幸、表明贵贱亲疏的礼节，这就可以了，超出这个程度，就是奸邪的行为，即使难以做到，君子也鄙视它。所以要根据食量吃东西，根据腰围系带子。为了标榜自己的高尚而哀伤过度以致消瘦，这是奸人的行为，不是礼义的规定，也不是孝子的真情，而是借此有所图谋。喜悦欢快、面色润泽，忧愁悲伤、憔悴愁苦，这是吉利和不幸、忧愁和愉快在面色上的表现。歌唱嬉笑，哭泣啼号，这是吉利和不幸、忧愁和愉快在声音上的表现。牛羊猪狗等肉食、稻米谷子等细粮、甜酒、厚粥，鱼肉、粗粮、水浆，这是吉利和不幸、忧愁和愉快在饮食上的表现。裨衣礼帽、花纹华美的礼服、有彩色花纹的丝织品，粗布丧服、粗麻丧服、薄麻丧服、草鞋，这是吉利和不幸、忧愁和愉快在衣服上的表现。通明的房屋、深邃的宫室、蒲草的席子、床铺和几席，编茅盖屋、简陋的棚屋、把柴草当作垫席、把土块当作枕头，这是吉利和不幸、忧愁和愉快在居住上的表现。忧愁和愉快这两种情感，是人生来固有的。至于使它们断绝或持续，使它们丰富或简化，使它们增强或减损，使它们合乎法度又能充分地表达，使它们盛大又美好，使根本原则和具体细节、终结和开始无不和顺，足以成为万世的法则，这就是礼。如果不是顺从礼、精通礼、学习礼、实行礼的君子，是不能明白这些道理的。

故曰：性者，本始材朴也[①]；伪者[②]；文理隆盛也。无性则伪之无所加，无伪则性不能自美。性伪合，然后成圣人之名一，天下之功于是就也。故曰：天地合而万物生，阴阳接而变化起，性伪合而天下治。天能生物，不能辨物也[③]；地能载人，不能治人也；宇中万物、生人之属，待圣人然后分也。《诗》曰[④]："怀柔百神，及河乔岳[⑤]。"此之谓也。

**注释**

①材朴：资质朴素。

②伪：人为。

③辨：同"办"，治理。

④引诗见《诗经·周颂·时迈》。

⑤乔岳：高山，本指泰山，后成泛称。

**译文**

所以说：性，是人类原始的朴素资质；人为，是礼节仪式的隆重盛大。没有性，那么人为无处施加，没有人为，那么人性不能自己完善。本性和人为相合，然后圣人的名声才能统一，天下的功业于是完成。所以说：天地相合万物就产生了，阴气和阳气相互交接，变化就出现了，本性和人为相互结合天下就安定了。天能够产生万物，但不能治理万物；大地能承载人类，但不能治理人类；宇宙中的万物和人类，依靠圣人然后才能够分别。《诗经》说："安抚各位神仙，祭祀河流高山。"说的就是这个道理。

丧礼者，以生者饰死者也，大象其生以送其死也。故如死如生[①]，如亡如存，终始一也。始卒，沐浴、鬠体、饭唅[②]，象生执也。不沐，则濡栉三律而止，不浴，则濡巾三式而止[③]。充耳而设瑱[④]，饭以生稻，唅以槁骨[⑤]，反生术矣。说亵衣[⑥]，袭三称[⑦]，缙绅而无钩带矣[⑧]。设掩面儇目[⑨]，鬠而不冠笄矣[⑩]。书其名，置于其重[⑪]，则名不见而柩独明矣。荐器则冠有鍪而毋縰[⑫]，瓮、庑虚而不实[⑬]，有簟席而无床笫，木器不成斫，陶器不成物，薄器不成内[14]，笙、竽具而不和，琴瑟张而不均，舆藏而马反，告不用也。具生器以适墓，象徙道也。略而不尽，貌而不功[15]，趋舆而藏之，金革辔靷而不入[16]，明不用也。象徙道，又明不用也，是皆所以重哀也。故生器文而不功，明器貌而不用[17]。凡礼，事生，饰欢也；送死，饰哀也；祭祀，饰敬也；师旅，饰威也：是百王之所同、古今之所一也，未有知其所由来者也。故圹垄[18]，其貌象室屋也；棺椁，其貌象版、盖、斯、象、拂也[19]；无、帾、丝、歶、缕、翣[20]，其貌以象菲、帷、帱、尉也[21]；抗折[22]，其貌以象槾茨、番阏也[23]。故丧礼者，无它焉，明死生之义，送以哀敬而终周藏也。故葬埋，敬藏其形也；祭祀，敬事其神也；其铭、诔、系世[24]，敬传其名也。事生，饰始也；送死，饰终也。终始具而孝子之事毕、圣人之道备矣。

**注释**

①如死如生：当作“事死如生”。下文的“如亡如存”当作“事亡如存”。

②髻kuò：同“髺”，将头发束起来。体：肢体，此处指整理四肢、剪指甲等。饭唅：把珠、玉、贝、米之类放在死者口中。

③式：通“拭”，擦。

④瑱tiàn：古人垂在冠冕两侧用以塞耳的玉坠，又称

"充耳"。

⑤槁骨：一种贝。

⑥说：当为"设"。亵xiè衣：贴身上衣。

⑦袭：加穿衣服。称chèn：量词，指配合齐全的一套衣服。

⑧缙：插。绅：古代贵族束在腰间的大带。

⑨掩面：盖在死者面部的白色的布或绢。儇xuān目：用巾覆盖死者面目，也指覆盖死者面部的黑色方巾。

⑩笄jī：古代用来固定发髻或帽子的簪子。

⑪重chóng：指代替受祭的木牌。

⑫荐：进献，送上。器：指冥器。鍪móu：形状像头盔的帽子。毋：无，没有。縰xǐ：古代束发的丝织物。

⑬庑wǔ："甒"的古字，是陶制的酒器。

⑭薄器：竹苇制成的器具。内：当为"用"字之误。

⑮额：同"貌"，以下五"额"字同。

⑯金：金属之器，此处指"和銮"。革：皮革制品，此处指"鞅"，即套在马颈上的皮带。辔pèi：缰绳。靷yǐn：引车前行的皮带。

⑰明器：即冥器，用竹、木或陶土等制成的随葬器物。

⑱圹kuàng垄：坟墓。

⑲版：车两旁挡风尘的厢板。盖：车顶盖。斯：疑

为靳字之误，靳通“鞎hén”，古代车厢前面革制的遮蔽物。象：衍文。拂：通“茀fú”，古代车上的遮蔽物。

⑳无：通“幠hū”，尸体上的覆盖物。帾：同“褚zhǔ”，覆盖棺材的红色布。鬻yú：丧车的装饰。

㉑菲：挡门的草帘。帷：用布帛制作的环绕四周的遮蔽物。帱chóu：帐子。尉：通“罻wèi”，小网，指网状的帷帐。

㉒抗折：承重的木制葬具。“折”放在“抗”的下面，横跨在墓穴上，犹如墓穴的天花板。“抗”置于“折”之上、坟冢之下，用来挡土。

㉓槾mèn：泥工的抹墙工具，此处指泥抹的墙壁。茨cí：用茅草、芦苇盖的屋顶。番阏fán'è：篱笆编筑成的围墙。番，篱笆。阏，门扇。

㉔铭：刻在钟鼎等器物上记述生平功德的文字。诔lěi：列述死者功德、表示哀悼的文字。

## 译文

丧礼，是按照活人的样子来装饰死人，大致地模拟死者生前的情形来为他送终。所以对待死亡如同对待出生，侍奉死者如同侍奉活人，对待人生的终结与对待人生的开始一样。人刚死的时候，为死者洗头洗身、束发剪指甲，把珠、玉、贝、米之类放在他口中，这是模拟死者生前的行为。如果不洗头，用沾湿的梳子梳理三次就可以了；如果不洗澡，用沾湿的毛巾擦三遍就可以了。在耳朵里塞上玉，把生米和贝壳放入口中，这是返生的方法。给死者穿好内衣，再加穿三层外衣，将手板插在腰带上但没有带钩。用面纱覆盖死者的面目，束起头发但不戴帽子、不插簪子。把死者的名字写上，放在神主牌上，那么就看不见他的名字而只有灵柩十分明显。随葬的器物，戴在头上的有头盔似的帽子而没有束发的丝织物，瓮、甒空着不放东西，有竹席而没有床垫，木器不作雕刻，陶器不制成成品，竹器不能用，笙、竽具备而不调和，琴、瑟绷上弦而不加调节，车子随同埋葬而马却牵回，这些表明随葬的器物是不用的。准备好生前的用具送到墓中，这是模拟搬家的方法。随葬的器物简略而不完备，只具外貌而不精致，赶着车子去把它埋葬，但拉车的用具却不埋进去，这些都表明随葬的器物是不用的；模拟搬家的方法，也是表明那些随葬的器物不用了，这些都是为了加重哀伤之情的。所以生前的器物只起礼仪的作用而没有实际功用，随葬的器物只具外貌而不实用。凡是礼仪，侍奉生者，是为了表达欢乐之情；送葬死者，是为了表达哀伤之情；祭祀，是为了表达恭敬之情；军队的礼仪，是为了显示威武。这是历代君王都相同、古今都一样的，但是没有人知道它的来源。所以坟墓，它们的外貌像房屋；棺椁，它们的外貌像车旁板、车顶盖、车前和车后的遮蔽物构成的车厢，尸体和棺材上的覆盖物、丧车和棺材的装饰物，它们的外貌像门帘和各种帷帐；承负坟冢、覆盖墓穴的抗折，它们的外貌像墙壁、屋顶和篱笆围墙。所以丧礼并没有其他的含义，是为了彰明生死的意义，以哀伤恭敬的心情去送葬死者而最终将他周到地掩藏。所以埋葬，是恭敬地掩藏死者的尸体；祭祀，是恭敬地侍奉死者的灵魂；那些铭文、悼词、传记家谱，是恭敬地传颂死者的名声。侍奉出生的礼仪，是表现人生的开始；送葬死者的礼仪，是表现人生的终结。终结和开始的礼仪都完备了，孝子的事情就完成了，圣人的道德就具备了。

刻死而附生谓之墨[①]，刻生而附死谓之惑，杀生而送死谓之贼。大象其生以送其死，使死生终始莫不称宜而好善，是礼义之法式也，儒者是矣。

**注释**

①刻：削减。附：增益。墨：俭省刻薄。

**译文**

削减死者的用度来增加生者的用度叫作刻薄，削减生者的用度来增加死者的用度叫作迷惑，杀掉生者来为死者殉葬叫作残贼。大致地模拟死者生前的情形来为他送终，使死和生、终结和开始无不恰当适宜，又非常完善，这就是礼义的法则，儒者就是这样的。

三年之丧，何也？曰：称情而立文，因以饰群[①]，别亲疏、贵贱之节而不可益损也，故曰无适不易之术也。创巨者其日久，痛甚者其愈迟，三年之丧，称情而立文，所以为至痛极也。齐衰、苴杖、居庐、食粥、席薪、枕块[②]，所以为至痛饰也。三年之丧，二十五月而毕，哀痛未尽，思慕未忘，然而礼以是断之者，岂不以送死有已、复生有节也哉！凡生乎天地之间者，有血气之属必有知，有知之属莫不爱其类。今夫大鸟兽则失亡其群匹[③]，越月逾时，则必反铅[④]；过故乡，则必徘徊焉，鸣号焉，踯躅焉[⑤]，踟蹰焉[⑥]，然后能去之也。小者是燕爵[⑦]，犹有啁噍之顷焉[⑧]，然后能去之。故有血气之属莫知于人，故人之于其亲也，至死无穷。将由夫愚陋淫邪之人与？则彼朝死而夕忘之，然而纵之，则是曾鸟兽之不若也，彼安能相与群居而无乱乎？将由夫修饰之君子与[⑨]？则三年之丧，二十五月而毕，若驷之过隙，然而遂之，则是无穷也。故先王圣人安为之立中制节，一使足以成文理，则舍之矣。

**注释**

①饰：通“饬”，整治，整顿。群：指朋辈，亲族。

②齐衰zīcuī：熟麻布做的丧服。苴jū杖：古代居丧时

所用的竹杖。庐：即“倚庐”。

③则：若。

④铅yán：同“沿”，依循。

⑤踯躅zhízhú：徘徊不进。

⑥踟蹰chíchú：徘徊不前，缓行。

⑦是：则。爵：通“雀”。

⑧啁噍zhōujiū：同“啁啾”，小鸟的鸣叫声。

⑨修饰：有道德修养，不违礼义。

**译文**

三年的服丧，是为了什么呢？回答说：这是根据感情来确立礼仪，用来整治亲族，区别亲疏、贵贱的不同礼节，而不能再增加和减损，所以说这是无论到哪里也不可改变的做法。创伤大的，愈合时间就长；疼痛严重的，痊愈就慢。三年的服丧，是根据感情来确立礼仪，是用来表示极度悲痛的最大限度。穿着麻布丧服、拄着竹杖、住在简陋的棚屋中、吃稀粥、把柴草当垫席、把土块当枕头，是用来表现极度悲痛的心情。三年的服丧，二十五个月就完毕，但哀痛并没有终结，思念并没有忘却，然而礼规定在这个时候终止服丧，难道不是因为送别死者要有个完结、恢复生活要有个期限吗？凡是生长在天地之间的，有血气的种属一定有知觉，而有知觉的种属没有不爱自己同类的。那些大的鸟兽如果失去了它的同伴，那么经过一个月或超过一定的时间，就一定会沿原路返回；经过旧地，就一定会往返回旋，在那里啼鸣吼叫，徘徊不进，迟疑不前，然后才能离开那里。小的就是燕子麻雀之类，也还要鸣叫一会儿，然后才能离开那里。有血气的种属没有比人更聪明的了，所以人对于父母的感情，到死也没有穷尽。要依从那些愚蠢、浅陋、放荡、邪恶的人吗？他们的父母早晨死了，到了晚上就忘了，如此还放纵他们，那么就连鸟兽也不如了，他们又怎么能互相在一起群居而不发生混乱呢？要依从那些有道德修养的君子么？三年的服丧，二十五个月就完毕，就像驾车的四匹马经过一个墙缝一样快，如此还是成全他们，那么服丧的期限就没有尽头了。所以先王圣人就为人们确立了适中的标准来加以节制，使人们能够完成礼节仪式，然后就结束丧期。

然则何以分之[①]？曰：至亲以期断[②]。是何也？曰：天地则已易矣，四时则已遍矣，其在宇中者莫不更始矣，故先王案以此象之也[③]。然则三年何也？曰：加隆焉，案使倍之，故再期也。由九月以下何也？曰：案使不及也。故三年以为隆，缌、小功以为杀[④]，期、九月以为间。上取象于天，下取象于地，中取则于人，人所以群居和一之理尽矣。故三年之丧，人道之至文者也。夫是之谓至隆，是百王之所同、古今之所一也。

## 注释

①分之：区分亲疏不同的丧期。

②期jī：周年。

③案：语助词，下同。

④缌sī：细麻布，此处指细麻布制成的丧服，服期三个月。小功：丧服名，用较细的熟麻布制成，服期五个月。小功以上为大功，服丧九个月。

## 译文

那么，怎么来区分亲疏不同的丧期呢？回答说：为最亲近的父母服丧一周年终止。这是为什么呢？回答说：天地已经改变了，四季已经轮换一遍，那些在宇宙中的万物没有不重新开始的，所以先王就以此来象征新的开始。那么，三年的服丧又是为什么呢？回答说：是为了使丧礼更加隆重，于是使它在一年之上加倍，所以就再加两年。服丧九个月以下的又是为什么呢？回答说：那是为了使它不及父母的丧礼隆重。所以人们把服丧三年作为隆重的礼，把服丧三个月、五个月的缌、小功作为减省的礼，把服丧一周年、九个月作为中等的礼。上取法于天，下取法于地，中取法于人，人们所以能群居而和谐统一的道理就被完全体现出来了。所以三年的服丧，是为人之道最高的礼仪。这叫作最隆重的礼仪，这是历代君王都相同、古今都一样的。

君子之丧所以取三年，何也？曰：君者，治辨之主也，文理之原也，情貌之尽也，相率而致隆之，不亦可乎！《诗》曰[①]：“恺悌君子[②]，民之父母。”彼君子者[③]，固有为民父母之说焉。父能生之，不能养之[④]，母能食之，不能教诲之；君者，已能食之矣[⑤]，又善教诲之者也，三年毕矣哉！乳母，饮食之者也，而三月；慈母[⑥]，衣被之者也，而九月；君，曲备之者也，三年毕乎哉！得之则治，失之则乱，文之至也；得之则安，失之则危，情之至也。两至者俱积焉，以三年事之犹未足也，直无由进之耳。故社，祭社也；稷[⑦]，祭稷也；郊者，并百王于上天而祭祀之也。

**注释**

①引诗见《诗经·大雅·泂酌》。

②恺悌：和乐平易。

③子：当为衍文。

④养：当为“食sì”，指喂奶。

⑤食sì：供养，喂养，此处指君主给人俸禄。

⑥慈母：古称抚育自己成长的庶母为慈母。

⑦稷：祭祀谷神。

**译文**

君主的丧期之所以要选取三年，为什么呢？回答说：君主，是治理国家的主宰，是礼仪制度的本源，是忠诚情感和恭敬外貌的极致，人们一个接一个地极力尊崇他，不也是应该的吗！《诗》云："和乐平易的君子，就是百姓的父母。"君主本来就有是百姓父母的说法。父亲能生下自己，但不能喂养自己，母亲能喂养自己，但不能教诲自己；君主是既能供养自己，又善于教诲自己的人，所以为他服丧三年才完毕！乳母，是喂养自己的人，因而为她服丧三个月；抚育自己的庶母，是为自己穿衣盖被的人，因而为她服丧九个月；君主，是各方面都照顾自己的人，为他服丧三年才完毕。这样做，国家就能治理好，不这样做，国家就会混乱，这是最高的礼仪制度；这样做，国家就安定，不这样做，国家就危险，这是情感的最高表现。这两方面都积聚在君主的丧礼上，所以用三年时间来服丧还是不够的，只是没有办法再增加罢了！所以社祭，祭祀土地神；稷祭，祭祀谷神；郊祭，就将历代君王和上天合并在一起而祭祀他们。



三月之殡何也？曰：大之也，重之也。所致隆也，所致亲也，将举错之，迁徙之，离宫室而归丘陵也[①]，先王恐其不文也，是以繇其期、足之日也[②]。故天子七月，诸侯五月，大夫三月，皆使其须足以容事[③]，事足以容成，成足以容文，文足以容备，曲容备物之谓道矣。

**注释**

①丘陵：坟墓。

②繇yáo：通“遥”，远。

③须：止，停留。容：容纳，容许，确保。

**译文**

三个月停柩是为什么呢？回答说：这是要使丧礼盛大，使丧礼隆重。对极其尊重的人，极其亲近的人，将要安置他，迁移他，使他离开宫室而埋葬到坟墓中去，先王担心这些事情不合乎礼仪，因此延长停柩的期限，使准备时间充足。所以天子停柩七个月，诸侯五个月，大夫三个月，都是为了使停留时间足以操办各种事情，使这些事情足以确保丧事的成功，使这成功足以确保合乎礼仪，使这礼仪足以确保事物的完备，各个方面都能确保事物的完备，这就叫作正确的原则。

祭者，志意思慕之情也。愅诡、唈僾而不能无时至焉[①]。故人之欢欣和合之时，则夫忠臣孝子亦愅诡而有所至矣。彼其所至者甚大动也，案屈然已[②]，则其于志意之情者惆然不嗛[3]，其于礼节者阙然不具。故先王案为之立文，尊尊亲亲之义至矣。故曰：祭者，志意思慕之情也，忠信爱敬之至矣，礼节文貌之盛矣，苟非圣人，莫之能知也。圣人明知之，士君子安行之，官人以为守，百姓以成俗。其在君子，以为人道也；其在百姓，以为鬼事也。故钟鼓、管磬、琴瑟、竽笙，《韶》《夏》《护》《武》《汋》《桓》《箾》简《象》[4]，是君子之所以为愅诡其所喜乐之文也。齐衰、苴杖、居庐、食粥、席薪、枕块，是君子之所以为愅诡其所哀痛之文也。师旅有制，刑法有等，莫不称罪，是君子之所以为愅诡其所敦恶之文也[5]。卜筮视日[6]，斋戒修涂[7]，几筵、馈、荐、告祝[8]，如或飨之[9]；物取而皆祭之，如或尝之。毋利举爵，主人有尊[10]，如或觞之[11]。宾出，主人拜送，反易服，即位而哭，如或去之。哀夫敬夫！事死如事生，事亡如事存，状乎无形影，然而成文。

**注释**

①愅gé诡：变异、感动的样子。悒僾yì ài：抑郁不乐的样子。至：通“致”，表达。

②屈jué然：空虚的样子。屈，竭。

③惆chóu然：惆怅，伤感。嗛qiè：满足。

④《夏》：又称《大夏》，相传是夏禹时的舞曲名。《汋》zhuó：古乐名，歌颂周武王能酌取先

祖之道来养育天下之民，见《诗经·周颂》。《桓》：古乐名，祭祀周武王，见《诗经·周颂》。《箾》shuò：歌颂周文王的舞曲名。简：当为衍文。

⑤敦：通“憝duì”，憎恶，怨恨。

⑥视日：占卜时日来预测吉凶。

⑦修涂：指修饰清理祠庙。涂，通“除”。

⑧馈：祭祀时进献牲醴等祭品。荐：祭祀时进献黍稷等祭品。祝：祭祀时掌管礼仪的人。告祝：祭祀的仪式之一，指尸吩咐祝为主人祈福。

⑨飨xiǎng：通“享”，鬼神享用祭品。

⑩有：通“侑yòu”，劝。有尊：劝酒，指劝尸饮酒。尊，一种酒器。

⑪觞shāng：以酒饮人或自饮。

**译文**

祭祀，是为了表达心意和思念之情的。人们的感动、抑郁不能没有时机来表达。所以人们欢欣团聚的时候，忠臣孝子会感动，而思念君主、双亲的感情要有所表达。他们所要表达的感情非常强烈，如果空空地没有礼仪，那么他们在感情上就会惆怅而不满足，在礼节上会感到欠缺而不完备。所以先王为他们制定了礼仪，这样，尊重君主、亲爱父母的感情就能表达了。所以说：祭祀，是为了表达心意和思念之情的，它是忠信敬爱的极点，是礼节仪式的最高表现，如果不是圣人，是没有人能懂得这一点的。圣人清楚地了解祭祀的意义，士君子安心地施行它，官吏把它当作自己的职守，百姓把它当作习俗。在君子那里，它被当作做人的原则；在百姓那里，它被当作侍奉鬼神的事。钟鼓、管磬、琴瑟、竽笙等乐器，《韶》《夏》《护》《武》《汋》《桓》《箾》《象》等乐曲，这些是君子用来表达他被喜悦的事情所感动的礼仪形式。穿着麻布丧服、拄着竹杖、住在简陋的棚屋中、吃稀粥、把柴草当垫席、把土块当枕头，这些是君子用来表达他被哀痛的事情所感动的礼仪形式。军队有制度，刑法有等级，刑罚没有不与罪行相当的，这些是君子用来表达他被憎恶的事情所感动的礼仪形式。占卜算卦、查看时日预测吉凶，整洁身心、修饰扫除，摆好祭祀的席位、进献牲醴黍稷，尸吩咐祝为主人祈福，好像真的有神来享用祭品一样。各种祭品都取来祭祀，好像真的有神品尝它们一样。不让劝食的人举杯敬酒，而由主人亲自献酒，好像真的有神拿酒杯饮酒一样。宾客退出，主人拜揖送行，然后返回，脱掉祭服而穿上丧服，来到哭位上痛哭，好像真的有神离开了他一样。悲哀啊！恭敬啊！对待死亡如同对待出生，侍奉死去的人如同侍奉活着的人，虽然无形无影，却成为一种礼仪。

# 乐 论

**题解**

本篇为《荀子》第二十篇，论述了音乐的起源以及音乐的教化功能。荀子认为，音乐一方面是人的情感的表达，另一方面又可以感染人心，从而“移风易俗”。乐在教化中有巨大的作用，音乐中正平和，百姓就和睦而不放纵，音乐肃穆庄重，百姓就齐同而不混乱，所以先王制作《雅》《颂》来“感动其善心”，而邪音、奸声对人心和治国的负面影响也显而易见，应加以禁止。荀子还指出乐与礼的不同作用，乐使人与人和谐一致，礼则区分人的等级差异，但二者均是治国之道的最重要的部分，应该互相配合共同发挥作用。

夫乐者[①]，乐也[②]，人情之所必不免也，故人不能无乐。乐则必发于声音，形于动静，而人之道，声音、动静、性术之变尽是矣[③]。故人不能不乐，乐则不能无形，形而不为道[④]，则不能无乱。先王恶其乱也，故制《雅》《颂》之声以道之，使其声足以乐而不流[⑤]，使其文足以辨而不諰[⑥]，使其曲直、繁省、廉肉、节奏足以感动人之善心[⑦]，使夫邪污之气无由得接焉[⑧]。是先王立乐之方也，而墨子非之，奈何！

## 注释

①乐yuè：音乐舞蹈。

②乐lè：快乐的情感。

③性术：性情的表现形式。

④道dǎo：引导，下文“故制《雅》《颂》之声以道之”中的“道”字与此相同。

⑤流：放纵，没有节制。

⑥諰xī：通“息”，窒塞。

⑦廉肉：指乐声的高亢激越与婉转圆润，犹言刚柔。

⑧邪污：邪恶污浊。

## 译文

音乐，就是快乐，这是人的情感所不能避免的，所以人不能没有音乐。人快乐就一定会通过声音抒发出来，通过动静表现出来，（含有）做人的道理，声音、动静、性情的表现形式的变化，全部表现在音乐中。所以人不能不快乐，快乐不能没有表现形式，这种表现如果没有引导，就不能不混乱。先王厌恶这种混乱，所以制作《雅》《颂》来引导，使乐声能够表达快乐而不放纵，使它的节奏足够清晰而不窒塞，使音乐的曲直、繁简、刚柔、节奏足以感动人们的善心，使邪恶污浊之气没有办法接触人们。这是先王设立音乐的原则，墨子却反对音乐，有什么办法呢！

故乐在宗庙之中，君臣上下同听之，则莫不和敬；闺门之内，父子兄弟同听之，则莫不和亲；乡里族长之中，长少同听之，则莫不和顺。故乐者，审一以定和者也[①]，比物以饰节者也[②]，合奏以成文者也[③]，足以率一道[④]，足以治万变。是先王立乐之术也，而墨子非之，奈何！

**注释**

①审一：审定一个主音。定和：保证音调和谐。

②比物：配合各种乐器。饰节：体现其节奏。

③成文：此处指形成乐章。

④一道：即上文的“人之道”。

**译文**

所以音乐在太庙中奏响，君臣上下一同来聆听，就没有不和睦恭敬的；音乐在家庭中奏响，父子兄弟一同来聆听，就没有不和睦亲近的；音乐在乡里家族中奏响，年长和年少的一同聆听，就没有不和睦温顺的。所以乐是审定一个主音来保证音调的和谐，配合乐器来体现节奏，共同演奏来形成乐章，它足以统帅做人的道理，足以理顺各种变化。这是先王设立（演奏）音乐的方法，而墨子却反对，有什么办法呢！

故听其《雅》、《颂》之声，而志意得广焉；执其干戚[①]，习其俯仰屈伸，而容貌得庄焉；行其缀兆[②]，要其节奏[③]，而行列得正焉，进退得齐焉。故乐者，出所以征诛也，入所以揖让也[④]。征诛揖让，其义一也。出所以征诛，则莫不听从；入所以揖让，则莫不从服。故乐者，天下之大齐也，中和之纪也，人情之所必不免也。是先王立乐之术也，而墨子非之，奈何！

**注释**

①干戚：盾与斧，是古代的两种兵器，也是武舞所执的舞具。

②缀兆：古代乐舞中舞者的行列位置。

③要yāo：和，会合。

④揖yī让：宾主相见的礼仪，此处指礼让。

**译文**

所以人们听到《雅》《颂》的乐声，胸怀就变得开阔；手拿盾斧等舞蹈道具，练习俯仰、屈伸的动作，容貌就变得端庄；在适当的行列位置上行走，符合音乐的节奏，队列就能够方正，进退就能够整齐。所以音乐，对外可以用来征讨诛杀，对内可以让人相互礼让。征讨诛杀和相互礼让，意义是一致的。对外用来征讨诛杀，没有人不听从；对内可以让人相互礼让，就没有人不顺服。所以音乐是天下最大的齐同，是中正和谐的纲领，人情所不能避免的。这是先王设立音乐的方法，而墨子却反对，有什么办法呢！

且乐者，先王之所以饰喜也；军旅鈇钺者①，先王之所以饰怒也。先王喜怒皆得其齐焉②。是故喜而天下和之，怒而暴乱畏之。先王之道，礼乐正其盛者也。而墨子非之。故曰：墨子之于道也，犹瞽之于白黑也，犹聋之于清浊也，犹欲之楚而北求之也。

**注释**

①鈇钺fǔ yuè：斫刀和大斧，腰斩、砍头的刑具，泛指刑戮。

②齐：适当，得当。

**译文**

而且，音乐是先王用来表达喜悦的感情的；军队和刑戮，是先王用来表达愤怒感情的。先王的喜悦和愤怒均能适当。所以先王喜悦，天下人就应和他，先王愤怒，则暴虐作乱的人就畏惧他。先王治国之道，礼和乐正是其中的最重要的部分。而墨子却反对。所以说，墨子对于治国之道，就好像瞎子不能分辨黑和白，聋子不能分辨声音清浊，就好像要到楚国却向北走一样。

夫声乐之入人也深，其化人也速，故先王谨为之文。乐中平则民和而不流，乐肃庄则民齐而不乱。民和齐则兵劲城固，敌国不敢婴也[①]。如是，则百姓莫不安其处，乐其乡，以至足其上矣。然后名声于是白，光辉于是大，四海之民莫不愿得以为师。是王者之始也。乐姚冶以险[②]，则民流僈鄙贱矣[③]。流僈则乱，鄙贱则争。乱争则兵弱城犯，敌国危之。如是，则百姓不安其处、不乐其乡、不足其上矣。故礼乐废而邪音起者，危削侮辱之本也。故先王贵礼乐而贱邪音。其在序官也，曰："修宪命，审诛赏[④]，禁淫声，以时顺修，使夷俗邪音不敢乱雅，太师之事也。"

**注释**

①婴：接触，触犯。

②姚冶：妖艳。险：邪恶。

③流僈：放纵，放荡。

④诛赏：据《王制》篇，当为"诗商"。商，通"章"，乐章。

### 译文

音乐对人的影响非常深远，它感化人也非常迅速，所以先王谨慎地来修饰音乐。音乐中正平和，那么百姓就和睦而不放纵；音乐肃穆庄重，那么百姓就齐同而不混乱。百姓和睦齐同，那么兵力就强劲，城防就坚固，敌国就不敢侵犯。这样，百姓就没有不安于自己的住处，喜欢自己的家乡，从而充分满足君主的。然后君主的名声就会显赫，光辉就会广大，四海之民没有不愿意把他作为君长的。这是称王天下的开端。音乐妖艳邪恶，那么百姓就会淫邪放纵、卑鄙下贱。淫邪放纵就会混乱，卑鄙下贱就会争斗。混乱争斗那么兵力就会削弱，城防就会破坏，敌国就会来侵犯。这样，百姓就不安于自己的住处，不喜欢自己的家乡，不能充分满足君主。所以礼乐被废止，奸邪的音乐就会兴起，这是国家危险、国力削弱、蒙受羞辱的根源。所以先王尊重礼乐而鄙视奸邪的音乐。他在论述官职时说："修订法令，审查诗歌乐章，禁止淫邪的音乐，按时来整治，使蛮夷的风俗和奸邪的音乐不敢扰乱雅乐，这是太师的职责。"

墨子曰："乐者，圣王之所非也，而儒者为之，过也。"君子以为不然。乐者，圣人之所乐也，而可以善民心，其感人深，其移风易俗[1]。故先王导之以礼乐而民和睦。夫民有好恶之情而无喜怒之应则乱。先王恶其乱也，故修其行，正其乐，而天下顺焉。故齐衰之服，哭泣之声，使人之心悲；带甲婴䩜[2]，歌于行伍[3]，使人之心伤[4]；姚冶之容，郑、卫之音[5]，使人之心淫；绅端章甫[6]，舞《韶》歌《武》，使人之心庄。故君子耳不听淫声，目不视女色，口不出恶言。此三者，君子慎之。

## 注释

①其移风易俗：据《礼记·乐记》，疑为“其移风易俗易”，与“其感人深”相对应。

②婴：系，穿戴。䩜：同“胄”，头盔。

③行háng伍：我国古代兵制，五人为伍，五伍为行，因以指军队。

④伤：当为“扬”，飞扬，振作。一说“伤”通“壮”。

⑤郑、卫之音：指郑国和卫国的民间音乐。

⑥端：礼服。章甫：礼帽。

## 译文

墨子说：“音乐，是先王所反对的，可儒者却提倡它，是错误的。”君子认为并非如此。音乐，是圣人所喜爱的，可以用来改善民心，音乐能够深深地感动人心，能非常容易地改变风俗。所以先王用礼和乐来引导，百姓就能够和睦。百姓有好恶的情感，如果没有喜怒的形式与之相应就会混乱。先王厌恶这种混乱，所以修养行为，订正音乐，天下就和顺了。所以丧服的服饰，哭泣的声音，使人心悲伤；穿着铠甲，戴着头盔，在队伍中歌唱，使人心振作；妖艳的容貌，郑卫的音乐，使人心放荡；束上腰带，穿着礼服，带上礼帽，舞《韶》乐、唱《武》曲，使人心庄重。所以君子耳朵不听淫荡的音乐，眼睛不看女色，口中不说邪恶的语言，这三点，君子要谨慎对待。

凡奸声感人而逆气应之，逆气成象而乱生焉；正声感人而顺气应之，顺气成象而治生焉。唱和有应，善恶相象，故君子慎其所去就也[①]。君子以钟鼓道志，以琴瑟乐心，动以干戚，饰以羽旄[②]，从以磬管。故其清明象天，其广大象地，其俯仰周旋有似于四时。故乐行而志清，礼修而行成，耳目聪明，血气和平，移风易俗，天下皆宁，美善相乐。故曰：乐者，乐也。君子乐得其道，小人乐得其欲。以道制欲，则乐而不乱；以欲忘道，则惑而不乐。故乐者，所以道乐也，金石丝竹[③]，所以道德也。乐行而民乡方矣[④]。故乐者，治人之盛者也，而墨子非之。

**注释**

①去就：犹取舍。

②羽旄máo：野鸡毛和牦牛尾，均为舞道中的道具。
③金石：指钟磬一类乐器。丝竹：弦乐器与竹管乐器的总称。
④乡：通“向”。

**译文**

凡是奸邪的音乐感染人，就会有违逆不顺之气来响应，违逆不顺之气成为现象，混乱就产生了。中正的音乐感染人，就会有和顺正直之气来响应，和顺正直之气成为现象，安定的局面就产生了。唱与和互相响应，善与恶相随而成，所以君子要谨慎对待音乐的取舍。君子用钟鼓引导心志，用琴瑟来使心情愉快，用盾、斧等舞具来跳舞，用野鸡毛和牦牛尾来修饰，用磬、管等乐器伴奏。所以乐声像天一样清明，像地一样广大，动作的俯仰旋转像四季的变化。所以音乐流行人们的心志就纯洁，礼仪完备德行就养成了，从而耳聪目明，血气平和，风俗改变，天下安宁，美和善相得益彰。所以说：音乐，是快乐。君子从中得到道义的快乐，小人从中获得欲望满足的快乐。以道义制约欲望，就能得到快乐而不混乱；只想满足欲望而忘却道义，则会迷惑而不快乐。所以音乐，是月来引导快乐的，金石丝竹等乐器，是用来引导德行的。音乐流行百姓就会趋向正确的道路。所以音乐是治理人民的重要方式，而墨子却反对它。

且乐也者，和之不可变者也；礼也者，理之不可易者也。乐合同，礼别异。礼乐之统，管乎人心矣。穷本极变[①]，乐之情也；著诚去伪，礼之经也。墨子非之，几遇刑也。明王已没，莫之正也。愚者学之，危其身也。君子明乐，乃其德也。乱世恶善，不此听也。於乎哀哉[②]！不得成也。弟子勉学，无所营也[③]。

**注释**

①穷：穷尽。本：指人心。极：极尽。变：指情感的变化。

②於wū：叹词。

③营：通“荧”，迷惑。

**译文**

而且，音乐是不可改变的调和人的原则；礼是不可改变的理的原则。音乐使人和谐一致，礼区分等级的差异。礼和乐的体统，是约束人心的。深入人心而极尽情感的变化，是音乐的本质；显示真诚而去除虚伪，是礼的原则。墨子反对它，几乎要遭到刑罚了。圣王已经逝去，没有人能纠正他。愚笨的人学习他的理论，会危害他们自身。君子提倡音乐，这是德行的表现。混乱之世人们厌恶善，不听从这些。可悲啊！音乐不能发挥它的作用。弟子们要努力学习，不要被迷惑。

声乐之象：鼓大丽[1]，钟统实[2]，磬廉制[3]，竽笙箫和[4]，筦籥发猛[5]，埙篪翁博[6]，瑟易良[7]，琴妇好[8]，歌清尽，舞意天道兼。鼓，其乐之君邪！故鼓似天，钟似地，磬似水，竽笙、箫和、筦籥似星辰日月，鞉、柷、拊、鞷、椌、楬似万物[9]。曷以知舞之意？曰：目不自见，耳不自闻也，然而治俯仰、诎信、进退、迟速莫不廉制，尽筋骨之力以要钟鼓俯会之节[10]，而靡有悖逆者，众积意谔谔乎[11]！

**注释**

①丽：通“厉”，指声音激越高亢。

②统：通“充”，指声音洪亮。实：充满，指声音浑厚。

③廉：清晰。制：通“哲”，明智，此处指声音清明。

④箫和：疑为“肃和”，肃静和缓。

⑤筦：同“管”，一种管乐器。籥yuè：古管乐器，似排箫。发猛：高亢清扬。

⑥埙xūn：一种陶土烧制的吹奏乐器。篪chí：一种单管横吹乐器。翁博：同“滃渤”，盛大宽广。

⑦易：平和。良：温良。

⑧妇好：犹“女好”，形容声音柔和婉转。

⑨鞉táo：有柄的小鼓。柷zhù：一种木制、形如方斗的打击乐器，奏乐开始时击奏。椌qiāng：一种类似柷的打击乐器。楬qià：一种木制虎状的打击乐器，终止乐声时击奏。

⑩要yāo：迎合。

⑪众：指各种舞姿。一说，众，指跳舞的众人。积：蕴积，蕴蓄。一说，积，练习。意：指前文“舞之意”。谮chí谮：舒徐迟缓的样子。一说，诚恳谨慎的样子。

## 译文

音乐的象征是：鼓声激越高亢，钟声洪亮浑厚，磬声清晰明亮，竽、笙的声音肃静和缓，管、排箫的声音高亢清扬，埙、篪的声音盛大宽广，瑟的声音平和温良，琴的声音柔和婉转，歌声清朗完美，舞蹈的意象则包含了天道。鼓，是音乐中的君主吧！所以鼓声像天，钟声像地，磬声像水，竽、笙、管、籥的声音像日月星辰，鞉、柷、拊、鞷、椌、楬的声音像万物。怎么来了解舞蹈的意象呢？回答说：眼睛不能看见自己，耳朵不能听到自己的声音，但是低头、抬头、弯曲、伸直、前进、后退、缓慢、快速的动作无不清晰明白，竭尽身体的力量来迎合钟、鼓的节奏，而没有丝毫违背，各种舞姿所蕴含的意象就是从这舒缓的动作中体现出来的吧。

吾观于乡[①]，而知王道之易易也。主人亲速宾及介[②]，而众宾皆从之，至于门外，主人拜宾及介而众宾皆入，贵贱之义别矣。三揖至于阶，三让以宾升。拜至，献酬[③]，辞让之节繁。及介省矣。至于众宾，升受，坐祭，立饮，不酢而降。隆杀之义辨矣。工入，升歌三终[④]，主人献之；笙入三终，主人献之；间歌三终[⑤]，合乐三终，工告乐备，遂出。二人扬觯[⑥]，乃立司正[⑦]。焉知其能和乐而不流也。宾酬主人，主人酬介，介酬众宾，少长以齿，终于沃洗者焉，知其能弟长而无遗也。降，说屦[⑧]，升坐，修爵无数[⑨]。饮酒之节，朝不废朝，莫不废夕[⑩]。宾出，主人拜送，节文终遂。焉知其能安燕而不乱也。贵贱明，隆杀辨，和乐而不流，弟长而无遗，安燕而不乱：此五行者，是足以正身安国矣。彼国安而天下安。故曰：吾观于乡，而知王道之易易也。

**注释**

①乡：指乡里饮酒的礼仪。

②主人：指乡大夫。速：迎接。宾、介：都是宾客。在乡里饮酒的礼仪中，最贤能的人叫“宾”，德行稍次于宾的叫“介”，德行次于“介”的叫众宾，在宾客中地位最低。

③献酬chóu：饮酒时主客互相敬酒，主人先向客人敬酒叫“献”，客人用酒回敬主人叫“酢zuò”，主人自饮再向客人敬酒叫“酬”。

④终：将一首歌曲或乐曲从头到尾歌唱或演奏一遍叫一终。

⑤间：间隔，轮流。

⑥觯zhì：古代饮酒的圆形器皿。

⑦司正：专门监督正确行使礼仪的人。

⑧说：通“脱”。

⑨修：行。修爵：指依次敬酒。

⑩莫：“暮”的古字，日落时，傍晚。

**译文**

我观察乡里饮酒的礼仪，就知道王道的实施是非常容易的。主人亲自迎接贤德的贵宾和德行稍次的陪客，而其他客人都跟随而来，来到门外，主人拜贵宾和陪客，而其他客人就都进门了，对待高贵者和卑贱者的礼仪就有了差别。主人拱手作揖三次才与贵宾来到厅堂的台阶前，再谦让三次而让贵宾登上厅堂。再行拜礼，主客互相敬酒，推辞谦让的礼节非常繁多。至于陪客，礼节就很俭省。至于其他客人，登堂受酒，坐着酹酒祭神，站着饮酒，不用酒回敬主人就退下堂去。隆重与简省的礼仪就区别开来了。乐工进来，登上厅堂，演唱三首歌，主人敬酒；吹笙的人进来，演奏三支乐曲，主人敬酒；

乐工和吹笙人轮流歌唱演奏各三曲，再共同歌唱演奏三曲，乐工报告奏乐完毕，就出去了。主人的两个侍从举起酒杯敬酒，于是又设置了监督行礼的人。从中可以看出他们能够和睦快乐而不放纵。贵宾向主人敬酒，主人向陪客敬酒，陪客向其他客人敬酒，年轻的和年长的都根据年龄依次敬酒，最后向盥洗酒杯的人敬酒。从中可以看出他们能够尊敬年长者而不遗漏一个人。退下堂去，脱掉鞋子，然后再登堂入座，依次不停地敬酒。饮酒的限度是，早晨饮酒不耽误早上的工作，傍晚饮酒不耽误晚上的事情。贵宾出门，主人拜送，礼节仪式就完成了。从中可以看出他们能够安逸而不乖乱。高贵和卑贱区别清楚，被隆重和简省的礼仪分别开来，和睦快乐而不放纵，尊敬年长者而不遗漏一个人，安逸而不乖乱。这五种行为，足以修养身心和安定国家了。国家安定，那么整个天下就安定了。所以说：我观察乡里饮酒的礼仪，就知道王道的实施是非常容易的。

乱世之征：其服组[①]，其容妇，其俗淫，其志利，其行杂，其声乐险，其文章匿而采[②]，其养生无度，其送死瘠墨[③]，贱礼义而贵勇力，贫则为盗，富则为贼。治世反是也。

## 注释

①组：华丽。

②匿："慝tè"的古字，邪恶。

③瘠墨：俭薄。墨家主张薄葬，所以称"瘠墨"。

## 译文

乱世的特征是：人们的服装华丽，人们的容貌像女子一样，风俗淫荡，心志好利，行为杂乱，音乐邪恶，文章内容邪恶而辞藻华丽，人们的生活荒淫无度，葬送死者却俭省菲薄，轻视礼义而崇尚武力，贫穷的人成为盗贼，富有的人残害他人。安定的社会与此相反。

# 解　蔽

**题解**

本篇为《荀子》第二十一篇，主要阐述了荀子的认识论思想。荀子承认人天生具有认识事物的能力，而客观事物本身是可以被认识的："凡以知，人之性也；可以知，物之理也。"但是，人们在认识过程中容易被片面的认识所蒙蔽，"蔽于一曲而暗于大理"。所以荀子主张"解蔽"，"解蔽"的方法就是"虚壹而静"，所谓的"虚"，就是不让心中已经储藏的知识去妨害将要接受的知识；所谓的"壹"，就是不让对那一事物的认识来妨害对这一事物的认识；所谓的"静"，就是不让做梦和烦乱的想象扰乱认识，以达到"大清明"的境界。

凡人之患，蔽于一曲而暗于大理①。治则复经②，两则疑惑矣③。天下无二道，圣人无两心。今诸侯异政，百家异说，则必或是或非，或治或乱。乱国之君，乱家之人④，此其诚心莫不求正而以自为也，妒缪于道而人诱其所迨也⑤。私其所积，唯恐闻其恶也；倚其所私，以观异术，唯恐闻其美也。是以与治虽走而是己不辍也⑥。岂不蔽于一曲而失正求也哉！心不使焉，则白黑在前而目不见，雷鼓在侧而耳不闻，况于使者乎[7]！德道之人[8]，乱国之君非之上，乱家之人非之下，岂不哀哉！

## 注释

①蔽：蒙蔽。曲：局部，部分。暗：愚昧，不明白。大理：全面正确的道理。

②经：常道，指常行的义理、准则。

③两：指“一曲”和“大理”两个方面。疑：犹豫不决。

④乱家：指局限于某种片面认识而背离正道的学派。

⑤缪miù：错误，乖误。迨：近，指所好。

⑥虽：当为“离”字。

⑦使：当为“蔽”字。

⑧德：通“得”，得到。

## 译文

大凡人们的毛病，是被片面的认识所蒙蔽而不明白全面的道理。纠正这种片面认识就能回到常道上来，在片面认识和全面的道理之间犹豫不决就会疑惑。天下不会有两种道，圣人不会有两种对立的思想。现在诸侯各国的政治措施各不相同，各个学派的学说各不相同，那么一定是有的对、有的错，有的能带来安定、有的会导致混乱。使国家混乱的君主，局限于片面认识的学者，他们的真心没有不想追求正道来为自己服务的，只是由于他们对大道既嫉妒又带有偏见，因而别人就根据他们的爱好来引诱他们。他们偏爱自己所学习的知识，唯恐听到对自己学识的非议。他们凭借自己所偏爱的知识来观察与自己不同的学说，唯恐听到对异己学说的赞美。因此，他们与正确的治国原则相背离却还自以为是、不能停止。这难道不是被片面的认识所蒙蔽而失去了对正道的追求吗！如果不用心思，那么黑白摆在面前眼睛也看不见，雷鼓就在身边敲击耳朵也听不见，何况心被蒙蔽的人呢。掌握了大道的人，使国家混乱的君主在上面非难他，局限于片面认识的学者在下面非难他，这难道不是很可悲的吗！

故为蔽[①]：欲为蔽，恶为蔽，始为蔽，终为蔽，远为蔽，近为蔽，博为蔽，浅为蔽，古为蔽，今为蔽。凡万物异则莫不相为蔽，此心术之公患也。

**注释**

①故：通“胡”，表示疑问，相当于“何”。

**译文**

什么会造成蒙蔽？欲望会造成蒙蔽，厌恶也会造成蒙蔽，只看到开始会造成蒙蔽，只看到终结也会造成蒙蔽，只看到远处会造成蒙蔽，只看到近处也会造成蒙蔽，学识渊博会造成蒙蔽，学识浅薄也会造成蒙蔽，只了解古代会造成蒙蔽，只了解现代也会造成蒙蔽。大凡万物各不相同，没有不相互造成蒙蔽的，这是思想方法上一个通病。

昔人君之蔽者，夏桀、殷纣是也。桀蔽于末喜、斯观[①]，而不知关龙逄[②]，以惑其心而乱其行；纣蔽于妲己、飞廉[③]，而不知微子启[④]，以惑其心而乱其行。故群臣去忠而事私，百姓怨非而不用，贤良退处而隐逃，此其所以丧九牧之地而虚宗庙之国也[⑤]。桀死于亭山[⑥]，纣县于赤旆[⑦]，身不先知，人又莫之谏，此蔽塞之祸也。成汤监于夏桀[⑧]，故主其心而慎治之[⑨]，是以能长用伊尹而身不失道[⑩]，此其所以代夏王而受九有也[⑪]。文王鉴于殷纣，故主其心而慎治之，是以能长用吕望而身不失道[⑫]，此其所以代殷王而受九牧也。远方莫不致其珍，故目视备色，耳听备声，口食备味，形居备宫，名受备号，生则天下歌，死则四海哭，夫是之谓至盛。《诗》曰[⑬]：“凤凰秋秋[⑭]，其翼若干，其声若箫。有凤有凰，乐帝之心。”此不蔽之福也。

**注释**

①末喜：即“妹喜”，夏桀的妃子。斯观：夏桀的

佞臣。

②知：知遇，赏识。关龙逢páng：夏桀的贤臣，因忠谏被桀所杀。

③妲dá己：商纣王的妃子。飞廉：商纣王的佞臣。

④微子启：商纣王的庶兄，屡谏纣王而不听，于是远走，周成王封微子于商丘，国号为宋。

⑤九牧：九州的长官，此处指代九州。虚：同“墟”，指使之成为废墟。宗庙：古代天子、诸侯祭祀祖宗的庙宇，代称国家政权。

⑥亭山：当为“鬲山”之误，即历山。

⑦旆pèi：旗帜下边悬垂的燕尾状的装饰物，泛指旌旗。

⑧成汤：商朝的开国之君，夏桀荒淫无道，汤征讨之而拥有天下。监：通“鉴”，借鉴，吸取教训。

⑨主：主宰。主其心：主宰自己的思想。

⑩伊尹：商汤的大臣，帮助商汤征讨夏桀。

⑪九有：即九州。

⑫吕望：即吕尚，姜太公。

⑬引诗不见于今本《诗经》，为佚诗。

⑭秋秋：飞舞的样子，奔腾的样子。

**译文**

从前君主有被蒙蔽的，夏桀、商纣就是。夏桀被末喜、斯观所蒙蔽，而不赏识关龙逢，因而使自己思想被迷惑而行为混乱；商纣被妲己、飞廉所蒙蔽，而不赏识微子启，因而使自己思想被迷惑而行为混乱。所以群臣都抛弃了忠心而去谋取私利，百姓都怨恨责骂而不为他们效劳，有德行才能的人都退出朝廷而隐居避世，这就是他们丧失九州的土地而使宗庙被毁的原因。夏桀死在鬲山，商纣的头被悬挂在红色的旗帜上，他们自己不能预先知道，而别人又没有谁劝谏他们，这就是蒙蔽所造成的祸患。商汤以夏桀为借鉴，所以拿定主意谨慎地治理国家，因此能够长期地任用伊尹而不背离治国的原则，这就是他取代夏桀而得到九州的原因。周文王以商纣王为借鉴，所以拿定主意谨慎地治理国家，因此能够长期地任用吕望而不背离治国的原则，这就是他取代商纣王而得到九州的原因。远方的国家无不进献自己的珍宝，所以他们的眼睛能看到各种美丽的颜色，耳朵能听到各种美妙的音乐，嘴巴能吃到各种美味，身体居住在各种豪华的宫殿，名字被加上各种尊贵的称号，活着的时候被天下人歌颂，死了以后天下人都哭泣，这就叫作隆盛的极致。《诗经》说："凤凰翩翩飞舞，翅膀好像盾牌，叫声好像洞箫。有凤又有凰，帝王心中喜洋洋。"这就是不被蒙蔽的幸福。

昔人臣之蔽者，唐鞅、奚齐是也[①]。唐鞅蔽于欲权而逐载子[②]，奚齐蔽于欲国而罪申生[③]。唐鞅戮于宋，奚齐戮于晋。逐贤相而罪孝兄，身为刑戮，然而不知，此蔽塞之祸也。故以贪鄙背叛争权而不危辱灭亡者，自古及今，未尝有之也。鲍叔、宁戚、隰朋仁知且不蔽[4]，故能持管仲而名利福禄与管仲齐。召公、吕望仁知且不蔽[5]，故能持周公而名利福禄与周公齐。传曰："知贤之谓明，辅贤之谓能。勉之强之，其福必长。"此之谓也。此不蔽之福也。

**注释**

①唐鞅：战国时宋康王的臣子，后被宋康王所杀。奚齐：晋献公的宠妃骊姬的儿子。

②载子：当作"戴子"，指戴驩huān，曾任宋国太宰，后被唐鞅驱逐而逃往齐国。

③申生：晋献公的太子，奚齐的异母兄。

④鲍叔、宁戚、隰xí朋：都是齐桓公的大臣。

⑤召shào公：又作"邵公"，姓姬，名奭shì，周文王的儿子，周武王的弟弟。

**译文**

从前臣子有被蒙蔽的，唐鞅、奚齐就是。唐鞅被追求权势的欲望蒙蔽而驱逐了戴驩，奚齐被争夺政权的欲望蒙蔽而加罪于申生。唐鞅在宋国被杀害，奚齐在晋国被杀害。驱逐有德才的国相、加罪于孝顺的兄长，结果自己也遭刑戮，然而还不明白原因，这就是蒙蔽所造成的祸患。所以用贪婪鄙陋、背叛的手段争夺权力却又不遭受危险、屈辱和灭亡的，从古到今，还不曾有过。鲍叔、宁戚、隰朋仁爱智慧而且不被蒙蔽，所以能够扶助管仲，而他们得到的名声利益、幸福俸禄也和管仲相等。召公、吕望仁爱智慧而且不被蒙蔽，所以能够扶助周公，而他们得到的名声利益、幸福俸禄也和周公相等。古书上说："能识别贤人叫作明智，能辅助贤人叫作才能。勤勉努力，幸福一定长久。"说的就是这个道理。这就是不被蒙蔽的幸福。

昔宾孟之蔽者[①]，乱家是也。墨子蔽于用而不知文，宋子蔽于欲而不知得[②]，慎子蔽于法而不知贤，申子蔽于势而不知知[③]，惠子蔽于辞而不知实，庄子蔽于天而不知人[④]。故由用谓之道，尽利矣；由俗谓之道[⑤]，尽嗛矣；由法谓之道，尽数矣；由势谓之道，尽便矣；由辞谓之道，尽论矣；由天谓之道，尽因矣。此数具者[⑥]，皆道之一隅也。夫道者，体常而尽变，一隅不足以举之。曲知之人，观于道之一隅而未之能识也，故以为足而饰之[⑦]，内以自乱，外以惑人，上以蔽下，下以蔽上，此蔽塞之祸也。孔子仁知且不蔽，故学乱术[⑧]，足以为先王者也。一家得周道，举而用之，不蔽于成积也。故德与周公齐，名与三王并[⑨]，此不蔽之福也。

## 注释

①孟：通“萌”，民。宾萌指往来于各诸侯国之间的游士。

②欲：欲望，此处指寡欲。得：贪得。

③申子：即申不害，战国时期韩国著名思想家，曾任韩昭侯相，法家的代表人物之一。

④庄子：即庄周，战国中期宋国人，道家的代表人物之一。

⑤俗：通“欲”。

⑥具：陈述。

⑦饰：通“饬”，整治，此处指研究。

⑧乱：治。

⑨三王：三代开国之王，即夏禹，商汤，周文王、武王。

## 译文

从前游士中有被蒙蔽的，局限于片面认识的学者就是。墨子被实用所蒙蔽而不了解礼仪，宋子被人情寡欲所蒙蔽而不了解人的贪得，慎子被法所蒙蔽而不懂得任用贤人，申子被权势所蒙蔽而不了解才智的作用，惠子被言辞所蒙蔽而不了解事物的实理，庄子被天所蒙蔽而不了解人为的作用。所以从实用的角度来谈道，道就全是功利了；从欲望的角度来谈道，道就全成满足了；从法的角度来谈道，道就全是法律条文了；从权势的角度来谈道，道就全成便利了；从言辞的角度来谈道，道就全是不切实际的辩说了；从天的角度来谈道，道就全是因循了。这几种说法，都是道的一个方面。道，本体恒常存在而又能穷尽一切变化，一个方面不能够用来概括它。认识片面的人，只看到道的一个方面而不能真正认识它，所以把这一个方面当作完整的道而研究它，于是对内扰乱了自己的思想，对外迷惑了他人，在上就蒙蔽下面，在下就蒙蔽上面，这就是蒙蔽所造成的祸害。孔子仁爱智慧而且不被蒙蔽，所以学习治国的方法，足以用来辅助先王。只有孔子这一派掌握了全面的道，推崇并运用它，而不被成见旧识所蒙蔽。所以他的德行与周公相等，名声与三代开国之王并列，这就是不被蒙蔽的幸福啊。

圣人知心术之患，见蔽塞之祸，故无欲无恶，无始无终，无近无远，无博无浅，无古无今，兼陈万物而中县衡焉。是故众异不得相蔽以乱其伦也。何谓衡？曰：道。故心不可以不知道。心不知道，则不可道而可非道。人孰欲得恣而守其所不可、以禁其所可？以其不可道之心取人，则必合于不道人，而不知合于道人[①]。以其不可道之心，与不道人论道人，乱之本也。夫何以知？曰[②]：心知道，然后可道；可道，然后能守道以禁非道。以其可道之心取人，则合于道人，而不合于不道之人矣。以其可道之心，与道人论非道，治之要也。何患不知？故治之要在于知道。

**注释**

①知：当为衍文。

②曰：当为衍文。

**译文**

圣人知道思想方法上的通病，看到了被蒙蔽的祸患，所以既不听凭欲望、又不听凭厌恶，既不是只看到开始、又不是只看到终结，既不是只看到近处、又不是只看到远处，既不只务广博、又不安于浅薄，既不是只了解古代、又不是只了解现代，而是同时摆出各种事物并在心中根据一定的标准进行衡量。所以万物的不同就不能互相蒙蔽以致扰乱了秩序。什么是衡量的标准呢？回答说：是道。所以人心不可以不了解道。如果人心不了解道，就会不认可道而认可违背道的东西。人有谁想要得到自在却固守自己不认可的东西，而用它来禁止自己所认可的东西呢？用他那不认可道的心去选取人，就一定会和不奉行道的人相契合，而不会和奉行道的人相契合。用他那不认可道的心和不奉行道的人去议论奉行道的人，这就是社会混乱的根源。他们凭什么去了解道呢？人心了解了道，然后就会认可道；认可道，然后就能遵守道，禁止违背道的东西。用他那认可道的心去选取人，就会和奉行道的人相契合，而不会和不奉行道的人相契合。用他那认可道的心和奉行道的人去议论不奉行道的人，这是社会安定的关键。又何必担忧不能了解道呢？所以社会安定的关键在于了解道。

人何以知道？曰：心。心何以知？曰：虚壹而静。心未尝不臧也，然而有所谓虚；心未尝不满也[①]，然而有所谓壹；心未尝不动也，然而有所谓静。人生而有知，知而有志。志也者，臧也，然而有所谓虚，不以所已臧害所将受谓之虚。心生而有知，知而有异，异也者，同时兼知之。同时兼知之，两也，然而有所谓壹，不以夫一害此一谓之壹。心，卧则梦，偷则自行[②]，使之则谋。故心未尝不动也，然而有所谓静，不以梦剧乱知谓之静[③]。未得道而求道者，谓之虚壹而静。作之，则将须道者之虚则人[④]，将事道者之壹则尽，尽将思道者静则察[⑤]。知道察，知道行，体道者也。虚壹而静，谓之大清明。万物莫形而不见，莫见而不论，莫论而失位。坐于室而见四海，处于今而论久远，疏观万物而知其情，参稽治乱而通其度，经纬天地而材官万物[⑥]，制割大理[⑦]，而宇宙里矣[⑧]。恢恢广广[⑨]，孰知其极！睪睪广广[⑩]，孰知其德！涫涫

**纷纷[11]，孰知其形！明参日月，大满八极，夫是之谓大人。夫恶有蔽矣哉！**

## 注释

①满：当为“两”字。

②偷：苟且，怠惰。

③剧：烦乱，指胡思乱想。

④须：等待，引申为企求。之虚：达到虚心的境界。之，往，至。人：当为“入”字。

⑤尽：当为衍文。

⑥经纬：规划治理。材官：指区别事物的特性而加以利用，使物尽其能。

⑦制割：主宰，操纵。

⑧里：通“理”，治理。

⑨恢恢：宽阔广大的样子。广广：空旷、空虚的样子。广，通“旷”。

⑩睪 hào 睪：广大的样子。睪，通“皞”。

⑪涫 guàn 涫：沸腾的样子。纷纷：杂乱的样子。

## 译文

人依靠什么来了解道呢？回答说：用心。心依靠什么来了解道呢？回答说：依靠虚心、专一和静心。心中没有不储藏知识的时候，然而有所谓的虚心；心没有不同时认识不同事物的时候，然而有所谓的专一；心没有不活动的时候，然而有所谓的静心。人生来就有认识能力，有了认识能力就有记忆。记忆就是储藏，然而有所谓的虚心，不让心中已经储藏的知识去妨害将要接受的知识就叫作虚心。心生来就有认识能力，有了认识能力就能区别不同的事物，能区别不同的事物，就能同时认识它们。同时认识不同的事物，就是两用，但是有所谓的专一，不让对那一事物的认识来妨害对这一事物的认识就叫作专一。心，睡觉时就会做梦，懈怠的时候就会随意想象，使用它的时候就会谋划。所以心没有不活动的时候，然而有所谓的静心，不让做梦和烦乱的想象扰乱认识就叫作静心。对于还没有掌握道而追求道的人，告诉他们虚心、专一和静心的道理。实行起来，那么想要求得道的人，达到了虚心就能够得到道；想要奉行道的人，达到了专一就能够穷尽道；想要探索道的人，达到了静心就能够明察道。了解道而能明察，了解道而能实行，这就是真正体会道的人。虚心、专一和静心，这叫作最大的清澈澄明。万事万物没有什么有形而看不见的，没有什么看见了而不能论说的，没有什么论说了而不恰当的。他坐在室内就能看见整个天下，处在现代而能论说远古，通观万物而能了解它们的实情，检验考核社会的治乱而能通晓它的规律，治理天地而能利用万物，掌握了全面的道理而整个宇宙就都得到治理了。宽阔广大啊，谁能知道他的极限？广大深远啊，谁能了解他的德行？变化纷杂啊，谁能知道他的形象？他的光辉匹敌日月，他的博大充满了八方，这样的人就叫作大人。这样的人怎么会被蒙蔽呢？

心者，形之君也，而神明之主也，出令而无所受令。自禁也，自使也，自夺也，自取也，自行也，自止也。故口可劫而使墨云[①]，形可劫而使诎申，心不可劫而使易意，是之则受，非之则辞。故曰：心容其择也，无禁必自见，其物也杂博，其情之至也不贰[②]。《诗》云[③]：“采采卷耳[④]，不盈顷筐[⑤]。嗟我怀人，寘彼周行[⑥]。”顷筐易满也，卷耳易得也，然而不可以贰周行。故曰：心枝则无知[⑦]，倾则不精，贰则疑惑。以赞稽之，万物可兼知也。身尽其故则美。类不可两也，故知者择一而壹焉。

**注释**

①墨：通“默”。

②情：通“精”。

③引诗见《诗经·周南·卷耳》。

④卷耳：又名“苍耳”“苓耳”，菊科植物，嫩苗可食用，果实名“苍耳子”，可药用。

⑤顷筐：斜口的竹筐。

⑥寘：放置，安置。周行：大路。

⑦枝：分散。

## 译文

心是形体的君主，是精神的主宰，它发出命令而不接受命令。它自己约束自己，自己驱使自己，自己剥夺，自己求取，自己行动，自己停止。所以嘴巴可以迫使它沉默或说话，形体可以迫使它弯曲或伸直，心不可以迫使它改变意志，它认为对的就接受，认为错的就拒绝。所以说：心可以自己选择，没有禁止而一定根据自己的见解，它认识的事物虽然繁杂而广泛，但它的精神专一不二。《诗经》说："采呀采呀采卷耳，装不满那斜口筐。怀念我的心上人，把筐放在大路旁。"斜口筐是容易装满的，卷耳是容易采到的，然而不可以三心二意地跑到大路上。所以说：精神分散就不会有知识，偏颇就不会精当，不专一就会疑惑。如果拿专心致志的态度来辅助考察，那么万事万物就可以全部认识了。亲自透彻地了解万事万物的原因，那就完美了。事物的准则不可能有对立的两种，所以明智的人选择一种而专心于它。

农精于田而不可以为田师，贾精于市而不可以为贾师[①]，工精于器而不可以为器师。有人也，不能此三技而可使治三官。曰：精于道者也，精于物者也。精于物者以物物[②]，精于道者兼物物。故君子壹于道而以赞稽物。壹于道则正，以赞稽物则察，以正志行察论[3]，则万物官矣。

**注释**

①贾师：当为“市师”。

②精于物者：指农民、商人、工人等人众。物物：支配物。

③行：为，治。

**译文**

农民精通种田，却不能做管理农业的官吏；商人精通买卖，却不能做管理贸易的官吏；工人精通制作器物，却不能做管理器具制造的官吏。有些人不会这三种技术，却可以让他们来管理这三种行业。所以说：有精通道的人，有精通具体事物的人。精通具体事物的人只能支配这种具体事物，精通道的人则能够支配一切事物。所以君子专一于道并借助它来考察万物。专一于道就能正确，借助它来考察万物就能明察；用正确的思想去施行明察的结论，那么万物就能够被利用了。

昔者舜之治天下也，不以事诏而万物成[1]。处一危之[2]，其荣满侧；养一之微[3]，荣矣而未知。故《道经》曰[4]：“人心之危，道心之微。”危微之几[5]，惟明君子而后能知之。故人心譬如槃水[6]，正错而勿动[7]，则湛浊在下而清明在上[8]，则足以见须眉而察理矣。微风过之，湛浊动乎下，清明乱于上，则不可以得大形之正也。心亦如是矣。故导之以理[9]，养之以清，物莫之倾，则足以定是非、决嫌疑矣。小物引之，则其正外易，其心内倾，则不足以决庶理矣。故好书者众矣，而仓颉独传者[10]，壹也；好稼者众矣，而后稷独传者[11]，壹也；好乐者众矣，而夔独传者[12]，壹也；好义者众矣，而舜独传者，壹也。倕作弓[13]，浮游作矢[14]，而羿精于射；奚仲作车[15]，乘杜作乘马[16]，而造父精于御[17]。自古及今，未尝有两而能精者也。曾子曰[18]："是其庭可以搏鼠[19]，恶能与我歌矣！"

**注释**

①诏：告知。

②危之：当作"之危"。危，戒惧，忧惧。

③微：精微，精妙。

④《道经》：可能是古代论述道的经典。今传伪古文《尚书·大禹谟》有"人心惟危，道心惟微"。

⑤几jī：隐微，多指事物的迹象、先兆。

⑥槃：同"盘"。

⑦错：通"措"。

⑧湛chén浊：沉淀的泥渣。湛，"沉"的古字。

⑨故：若，如果。

⑩仓颉jié：相传是黄帝时的史官，创造了文字。

⑪后稷：相传是尧时的农官，周的始祖，姬姓，名弃。

⑫夔kuí：相传是舜时的乐官。

⑬倕chuí：相传是尧时的巧匠。

⑭浮游：黄帝时人，传说他创造了箭。

⑮奚仲：夏禹时掌管车服的官，相传他善于造车。

⑯乘杜：即相土，是商朝祖先契的孙子，传说发明了四匹马拉的车。

⑰造父：古代的驾车能手，周穆王的车夫，赵的先祖。

⑱曾子：即孔子的学生曾参shēn，以孝闻名。

⑲是：通“视”。庭：通“莛tíng”“筳tíng”，唱歌时用来打拍子的小棍。

## 译文

从前舜治理天下，不用事事指示而各种事情都完成了。他坚持专一于道而时时戒惧，荣誉就会充满左右；修养专一于道的品德而达到了精微的境界，那就会得到荣誉而不自知。所以《道经》说：“人心能达到戒惧的境界，得道之人的心才能达到精微的境界。”这戒惧和精微的奥妙，只有明智的君子才能了解它。人心就像盘中的水，端正地放着而不去扰动它，那么沉淀的渣滓就在下面，而清澈透明的水就在上面，那足以照见胡须眉毛并看清肌肤的纹理了。如果微风吹过水面，沉淀的渣滓就会在下面晃动，清澈透明的水就会在上面被搅乱，那就不能够看见人体的正确面貌了。人心也像这样啊。如果用正确的道理来引导它，用冲和之气来涵养它，外物就不能使它歪斜，那就足以确定是非、决断嫌疑了。如果用小事影响它，那么它的正确会因外在的影响而发生变化，内心就发生了歪斜，那就不能够决断各种事理了。喜欢写字的人很多，但只有仓颉的名声流传下来，这是因为他用心专一；喜欢种庄稼的人很多，但只有后稷的名声流传下来，这是因为他用心专一；喜欢音乐的人很多，但只有夔的名声流传下来，这是因为他用心专一；喜欢道义的人很多，但只有舜的名声流传下来，这是因为他用心专一。倕制作了弓，浮游发明了箭，而羿精通射箭；奚仲制作了车，乘杜发明了用四匹马拉车，而造父精通驾车。从古到今，还未曾有过一心两用而能精通某事的人。曾子说："看着打节拍的竹棍却想着可以用它来打老鼠，这样的人又怎么能和我一起唱歌呢！"

空石之中有人焉[①]，其名曰觙。其为人也，善射以好思[②]。耳目之欲接则败其思[③]，蚊虻之声闻则挫其精[④]，是以辟耳目之欲[⑤]，而远蚊虻之声，闲居静思则通。思仁若是，可谓微乎？孟子恶败而出妻，可谓能自强矣[⑥]；有子恶卧而焠掌[⑦]，可谓能自忍矣，未及好也。辟耳目之欲，可谓能自强矣[⑧]，未及思也[⑨]。蚊虻之声闻则挫其精[⑩]，可谓危矣，未可谓微也。

夫微者，至人也。至人也，何强，何忍，何危？故浊明外景[11]，清明内景。圣人纵其欲[12]，兼其情，而制焉者理矣。夫何强，何忍，何危？故仁者之行道也，无为也；圣人之行道也，无强也。仁者之思也恭，圣人之思也乐。此治心之道也。

**注释**

①空石：即穷石，古地名。

②射：射覆，古代的一种隔板猜物的游戏。

③败：扰乱。

④蚊虻méng：一种危害牲畜的虫类，也指蚊子。

⑤辟：退避，躲避。

⑥下文“未及思也”一句当在此句下。

⑦有子：即有若，孔子的学生。焠cuì掌：用火烧灼手掌。焠，烧灼。

⑧可谓能自强矣：当为衍文。

⑨未及思也：当在上文。

⑩蚊虻之声闻则挫其精：当作“而远蚊虻之声”。

⑪景：光明。外景：在外表露出光明。

⑫纵：当为“从”字。



**译文**

空石的城邑里有一个人，他的名字叫觙。他生性善于射覆而喜欢思索。但耳朵听到美声、眼睛看到美色，就会扰乱他的思索，蚊虻的声音传到他耳朵里，就会妨害他精神专一，因此他避开耳朵、眼睛所喜欢的美声、美色，并远离蚊虻的声音，独自居住，安静地思索，于是他的思路就畅通了。如果对仁的思索也像这样，可以说达到精微了吗？孟子害怕名声败坏而休了妻子，这可以说能够自己勉力了，但还没能达到思仁的境界。有子害怕打瞌睡而用火烧灼自己的手掌，这可以说能够自我克制了，但还没能达到好仁的境界。觙避开耳朵、眼睛所喜欢的美声、美色，并远离蚊虻的声音，可以说是达到戒惧的境界了，但还不可以说达到了精微的境界。那达到了精微境界的人，就是至人。至人，还要勉力，还要克制，还要戒惧吗？所以肤浅地了解道的人光明表现于外，清楚地了解道的人才能在内心深处发出光明。圣人从心所欲，满足情感，他管理的事情仍然能治理好。那还要勉力，还要克制，还要戒惧吗？所以仁者奉行道，无需刻意去做；圣人奉行道，无需勉强去做。仁者的思虑恭敬；圣人的思虑快乐。这就是修养心的方法。

凡观物有疑，中心不定，则外物不清；吾虑不清，则未可定然否也。冥冥而行者，见寝石以为伏虎也，见植林以为后人也[①]，冥冥蔽其明也。醉者越百步之沟，以为跬步之浍也[②]，俯而出城门，以为小之闺也，酒乱其神也。厌目而视者[③]，视一以为两；掩耳而听者，听漠漠而以为哅哅[④]：势乱其官也。故从山上望牛者若羊，而求羊者不下牵也，远蔽其大也；从山下望木者，十仞之木若箸[⑤]，而求箸者不上折也，高蔽其长也。水动而景摇[⑥]，人不以定美恶，水势玄也[⑦]。瞽者仰视而不见星，人不以定有无，用精惑也[⑧]。有人焉，以此时定物，则世之愚者也。彼愚者之定物，以疑决疑，决必不当。夫苟不当，安能无过乎？

**注释**

①后：当为“立”字。

②浍kuài：小沟。

③厌yā：按压。

④漠漠：寂静无声的样子。哅xiōng哅：喧扰，也指喧扰声。

⑤仞：古代的长度单位，七尺为一仞，一说八尺为一仞。箸zhù：筷子。

⑥景yǐng：“影”的古字。

⑦玄：通“眩”，迷乱，迷惑。

⑧精：通“睛”，眼睛，视力。

**译文**

一般来说，观察事物有疑惑，内心不平静，那么外界的事物就认识不清；自己的思虑不清晰，那就不能确定是非。在昏暗中行走的人，看见横卧的石头以为是趴着的老虎，看见矗立的树林以为是站着的人，这是昏暗蒙蔽了他的视力。喝醉酒的人越过百步宽的大沟，以为是半步宽的小沟，低着头走出城门，以为是狭小的宫中小门，这是酒扰乱了他的心神。按压眼睛去看的人，看一件东西以为是两件；捂住耳朵去听的人，寂静无声会以为是嗡嗡作响：这是外力扰乱了他的感官。所以从山上远望山下的牛就好像是羊，但寻找羊的人并不会下山去牵，这是远的距离遮蔽了牛的高大；从山下远望山上的树木，十仞高的树木像根筷子，但寻找筷子的人并不会上山去折，这是高度遮蔽了树木的长度。水晃动，影子也摇动，人们不会以此来确定容貌的美丑，这是水摇动使人目眩。瞎子抬头观望却看不见星星，人们不会以此来确定星星的有无，这是眼睛看不见东西。如果有人在这种情况下确定事物，那就是世界上最愚蠢的人。那些愚蠢的人确定事物，是用疑惑的心去判断疑惑的事物，判断一定不恰当。如果判断不恰当，又怎么能没有错误呢？

夏首之南有人焉[①]，曰涓蜀梁，其为人也，愚而善畏。明月而宵行，俯见其影，以为伏鬼也；卬视其发[②]，以为立魅也，背而走，比至其家，失气而死，岂不哀哉！凡人之有鬼也，必以其感忽之间、疑玄之时正之[③]。此人之所以无有而有无之时也[④]，而已以正事。故伤于湿而击鼓鼓痹⑤，则必有敝鼓丧豚之费矣，而未有俞疾之福也⑥。故虽不在夏首之南，则无以异矣。

## 注释

①夏：夏水，相传此水冬塞夏通，故名。

②卬：“仰”的古字，向上，抬头向上。

③感hàn忽：恍惚，不可捉摸。正：当为“定”字。

④无有：以有为无。有无：以无为有。

⑤痹bì：因风、寒、湿侵袭导致肢体疼痛、麻木、屈伸不利的病症。此句有脱文，似当作“故伤于湿而痹，痹而击鼓烹豚”。

⑥俞：通“愈”，病痊愈。

## 译文

夏首的南边有一个人，名叫涓蜀梁，他生性愚蠢而胆小。在月光明亮的夜晚行走，低头看见自己的影子，以为是趴在地上的鬼，抬头看见自己的头发，就以为是站着的妖怪，于是转身就跑，等跑回自己家中，就断气死了，这难道不可悲吗！大凡人认为有鬼，一定是在他精神恍惚、疑惑迷乱的时候作出的判断。这正是人把有当作没有、把没有当作有的时候，而他自己却在这个时候去确定事情。有人得了风湿病却敲鼓烹猪来驱除疾病，那就一定会有打破鼓、丧失猪的破费，而不会有治愈疾病的幸福。所以这种人虽然不住在夏首的南边，却也和涓蜀梁没有什么差别了。

凡以知，人之性也；可以知，物之理也。以可以知人之性，求可以知物之理而无所疑止之[①]，则没世穷年不能遍也。其所以贯理焉虽亿万，已不足以浃万物之变[②]，与愚者若一。学，老身长子而与愚者若一，犹不知错[③]，夫是之谓妄人。故学也者，固学止之也。恶乎止之？曰：止诸至足。曷谓至足？曰：圣也[④]。圣也者，尽伦者也；王也者，尽制者也。两尽者，足以为天下极矣。故学者，以圣王为师，案以圣王之制为法，法其法，以求其统类[⑤]，以务象效其人。向是而务，士也；类是而几，君子也；知之，圣人也。故有知非以虑是，则谓之惧[⑥]；有勇非以持是，则谓之贼；察孰非以分是[⑦]，则谓之篡；多能非以修荡是[⑧]，则谓之知；辩利非以言是，则谓之泄[⑨]。传曰："天下有二：非察是，是察非。"谓合王制与不合王制也。天下有不以是为隆正也，然而犹有能分是非、治曲直者邪？若夫非分是非、非治曲直、非辨治乱、非治人道，虽能之无益于人，不能无损于人。案直将治怪说，玩奇辞，以相挠滑也[⑩]；案强钳而利口，厚颜而忍诟，无正而恣睢，妄辨而几利[⑪]，不好辞让，不敬礼节，而好相推挤；此乱世奸人之说也。则天下之治说者方多然矣。传曰："析辞而为察，言物而为辨，君子贱之；博闻强志，不合王制，君子贱之。"此之谓也。

## 注释

①疑：通"凝"，止息。

②已：终。浃jiā：遍及，满。

③错：通"措"，搁置，放弃。

④"圣"下当有"王"字。

⑤统类：法度条例的纲纪。

⑥惧：当为"攫"字，攫取。

⑦孰："熟"的古字，审慎，周密谨慎。

⑧荡：震荡，激荡，引申为宣扬。

⑨詍yì：多言。

⑩挠滑gǔ：扰乱。

⑪辨：通"辩"。几：近。

## 译文

一般来说，能够认识事物，是人的本性；可以被认识，是事物的规律。凭借可以认识事物的人的本性，去探求可以被认识的事物的规律，却没有一定的限度，那么一辈子也不能遍及可以认识的事物。人们用来学习事理的方法即使有亿万条，但最终不能够用它们来遍及万物的变化，那就和愚蠢的人相同了。自己老了、子女长大了，仍和愚蠢的人相同，却还不知道放弃，这就叫作无知的人。所以学习本来就要有个学习的止境。止境在哪里呢？回答说：停止在最圆满的境界。什么叫作最圆满的境界？回答说：就是圣王。圣人，是完全精通事理的人；王者，是完全精通法度的人。这两个方面都精通的人，就足以成为天下最高的标准了。所以学习，要把圣王当作老师，要把圣王的法度当作自己的法度，效法圣王的法度而探求法度条例的纲领，并努力效法他们的为人。向往这种圣王之道而努力追求的，就是士人；效法这种圣王之道而接近它的，就是君子；通晓这种圣王之道的，就是圣人。所以有智慧却不用来考虑这圣王之道，那就叫作攫取；有勇力却不用来维护这圣王之道，那就叫作贼害；观察问题审慎却不用来分析这圣王之道，那就叫作篡逆；很有才能却不用来学习并宣扬这圣王之道，那就叫作巧诈；能言善辩却不用来谈论这圣王之道，那就叫作多言。古书上说："天下的事情有两个方面：用错误的来考察正确的，用正确的来考察错误的。"这所谓的正确与错误，是指符合圣王的法度和不符合圣王的法度。天下如果不用这圣王的法度作为最高标准，那还有什么能分辨是非、整治曲直吗？至于那种不能分辨是非、不能整治曲直、不能辨别治乱、不研究为人之道的学说，即使精通它，对人也没有什么益处，即使不能掌握它，对人也没有什么损害。这不过是要钻研奇谈怪论，玩弄怪僻的言辞，用来互相扰乱罢了；他们强行钳制别人而能言善辩，厚着脸皮而忍受着辱骂，不守正道而放纵暴戾，胡乱诡辩而唯利是图，不喜欢谦让，不尊重礼节，而喜欢互相排挤；这是混乱的社会中奸诈之人的学说啊，现在天下研究思想学说的人却大多是这样。古书上说："分析言辞而自以为明察，空谈事物而自以为善于辨别，君子鄙视这种人；见识广博而记忆力强，但不符合圣王的法度，君子鄙视这种人。"说的就是这个道理。

**为之无益于成也，求之无益于得也，忧戚之无益于几也①，则广焉能弃之矣②，不以自妨也，不少顷干之胸中。不慕往，不闵来，无邑怜之心③，当时则动，物至而应，事起而辨，治乱可否，昭然明矣！**

**注释**

①几：危殆。

②广：通"旷"，开朗，旷达。能：而。

③邑：通"悒"yì，愁闷不安。

**译文**

如果做了也无益于成功，追求了也无益于取得，忧愁烦恼也无益于解决危机，那就豁达地将它们抛弃，不让它们来妨碍自己，不让它们有片刻的时间在心中干扰自己。不羡慕过去，不担忧将来，没有愁闷怜悯的心情，时机到来就行动，外物来了就接应，事情发生了就处理，这样，是治还是乱，是适合还是不适合，就明明白白地都清楚了。

周而成，泄而败，明君无之有也；宣而成，隐而败，暗君无之有也。故君人者周则谗言至矣，直言反矣[①]，小人迩而君子远矣。《诗》云[②]："墨以为明，狐狸而苍。"此言上幽而下险也。君人者宣则直言至矣，而谗言反矣，君子迩而小人远矣。《诗》曰[③]："明明在下，赫赫在上。"此言上明而下化也。

**注释**

①反：还归，回。后多作"返"。

②引诗不见于今本《诗经》，为佚诗。

③引诗见《诗经·大雅·大明》。

**译文**

以周密为成功，以泄露为失败，贤明的君主没有这样的；公开而成功，隐瞒而失败，昏庸的君主没有这样的。统治人民的君主如果喜欢隐瞒，那么谗言就来了，正直的话就缩回去了，小人接近而君子远离了。《诗经》说："把黑暗当作光明，把狐狸看作苍色。"这是说君主昏庸，那么臣民就会邪恶。统治人民的君主如果开诚布公，那么正直的话就来了，而谗言就缩回去了，君子接近而小人远离了。《诗经》说：“皎洁明亮在下方，光辉灿烂在上方。”这是说君主光明正大，臣民就会被感化。

# 正　名

**题解**

本篇为《荀子》第二十二篇，探讨了为何需要命名、命名的根据、制名的枢要等问题。他认为制名来指实，可以明贵贱，别同异。制定不同名称的依据来自“天官”，人天生的感官具有共同的生理基础，对相同事物的感觉相同，因此以名大致地模拟事物人们就可以通晓。他认为名来自人们在感官和心灵对事物的共同感知和验证基础上的约定俗成，虽然名的制定并非非此不可，但是一旦约定俗成，名与实的关系确定，则不可随意变乱。荀子在该篇中对当时思想界流行的观点进行了分类批评，主张“名定而实辨”，反对“用名以乱名”“用实以乱名”和“用名以乱实”。此外，荀子在此篇中批评了治国应去欲或寡欲的主张，认为治乱取决于“心之所可”是否符合道理，而不在于欲望多少。

后王之成名[①]：刑名从商[②]，爵名从周[③]，文名从《礼》[④]。散名之加于万物者[⑤]，则从诸夏之成俗曲期[⑥]，远方异俗之乡则因之而为通[⑦]。散名之在人者：生之所以然者谓之性。性之和所生，精合感应，不事而自然谓之性[⑧]。性之好、恶、喜、怒、哀、乐谓之情。情然而心为之择谓之虑。心虑而能为之动谓之伪。虑积焉、能习焉而后成谓之伪。正利而为谓之事。正义而为谓之行⑨。所以知之在人者谓之知。知有所合谓之智。智所以能之在人者谓之能⑩。能有所合谓之能。性伤谓之病。节遇谓之命⑪。是散名之在人者也，是后王之成名也。

**注释**

①成：确定。

②刑名：刑罚的名称。从：根据，依照。

③爵名：爵位的名称。

④文名：礼节仪式的名称。《礼》：指《仪礼》。

⑤散名：散杂的名称，指各种事物的名称。

⑥成俗：旧有的习俗。曲期：共同约定。

⑦因：利用，凭借。

⑧事：从事，做，人为。自然：自己如此。

⑨正利：正当的利益。事：事业，功业。正义：正当的道理。行：品行，德行。

⑩“智”为衍文。

⑪节遇：偶然的遭遇。



**译文**

后王如此来确定名称：刑罚的名称依照商朝，爵位的名称依照周朝，礼节仪式的名称依照《仪礼》。赋予万物的名称，则是根据华夏各国旧有的习俗共同约定，边远地区不同习俗的地方也可以利用这些名称进行沟通。关于人的各种名称有：生来就如此的叫作本性。性的阴阳和气所产生的、精神接触外物的感应、不经过人为而自己如此的叫作本性。性的好、恶、喜、怒、哀、乐叫作情感。情感产生而心灵进行选择叫作思虑。内心思虑而官能据此行动叫作人为。思虑不断积累、官能反复修习后形成的，也叫作人为。为了正当的利益而作为叫作事业，为了正当的道义而作为叫作德行。人所具有的认识事物的能力叫作认识能力。这种认识能力与外部事物相合叫作智慧。人所具有的做事能力叫作本能，这种能力与外部事物相合叫作才能。本性受到伤害叫作疾病。偶然的际遇叫作命运。以上是关于人的各种名称，是后王所确定的名称。

故王者之制名，名定而实辨，道行而志通，则慎率民而一焉。故析辞擅作名以乱正名，使民疑惑，人多辨讼[①]，则谓之大奸，其罪犹为符节、度量之罪也[②]。故其民莫敢托为奇辞以乱正名。故其民悫，悫则易使，易使则公[③]。其民莫敢托为奇辞以乱正名，故壹于道法而谨于循令矣。如是，则其迹长矣[④]。迹长功成，治之极也，是谨于守名约之功也。

## 注释

①辨：通“辩”。讼：争辩。

②为：制作。度量：用以计量长短和容积的标准。度，计量长短的标准。量，计量物体多少的容器。

③公：通“功”，功绩，功劳。

④迹：业绩，事迹。

## 译文

所以王者制定事物的名称，名称确定，那么实物就能区分了，制定名称的原则实行，思想就能沟通了，于是就谨慎地率领百姓，统一遵守这些名称。所以析解言辞、擅自创名来扰乱正确的名称，使百姓疑惑，使人们进行更多的争辩，那就叫作大奸人，他的罪行与制作信符和度量衡的罪行一样。所以王者的百姓没有谁敢制造怪僻的言辞来扰乱正确的名称。因此他的百姓就朴实，朴实就容易役使，容易役使就能成就功业。他的百姓没有谁敢制造怪僻的言辞来扰乱正确的名称，所以就专一于法度而谨慎地遵循政令了。像这样，那么他的事迹就能长久。事迹长久而功业成就，是政治的最高境界。这是严谨地坚持用名称来约束百姓的功效啊。



今圣王没，名守慢，奇辞起，名实乱，是非之形不明，则虽守法之吏、诵数之儒[①]，亦皆乱也。若有王者起，必将有循于旧名，有作于新名。然则所为有名，与所缘以同异[②]，与制名之枢要，不可不察也。

**注释**

①数：指礼制。

②缘：依照，根据。以：使。

**译文**

现在圣王去世了，名称的管理松懈了，怪僻的言辞出现了，名称和实物的关系淆乱，正确和错误的真相不清楚，那么即使是掌管法度的官吏、讲述礼制的儒生，也都混乱不清。如果再有王者出现，一定会对旧有的名称有所沿用，并制定一些新的名称。既然这样，那么对于为什么要有名称、使名称有同有异的根据以及制定名称的关键，就不能不考察了。

异形离心交喻[①]，异物名实玄纽[②]，贵贱不明，同异不别，如是则志必有不喻之患，而事必有困废之祸。故知者为之分别，制名以指实，上以明贵贱，下以辨同异。贵贱明，同异别，如是则志无不喻之患，事无困废之祸。此所为有名也。

**注释**

①形：形体，指人。离：背离。

②玄：通“眩”，迷乱，迷惑。纽：结。

**译文**

不同人的不同认识要互相晓谕，不同的事物，如果名称和实物混乱地缠结在一起，那么高贵和卑贱就不能明确，相同和相异就不能区别。像这样，那么思想就一定会有不能被知晓的忧患，而事情就一定会有陷入困境而废弃的灾祸。所以有智慧的人给万事万物以分别，制定名称来指称实物，上用来明确高贵和卑贱，下用来区别相同和相异。高贵和卑贱明确了，相同和相异区别了，那么思想没有不能被知晓的忧患，而事情没有陷入困境而废弃的灾祸。这就是为什么要有名称的原因。

然则何缘而以同异？曰：缘天官。凡同类、同情者，其天官之意物也同①，故比方之疑似而通②，是所以共其约名以相期也。形体、色、理以目异，声音清浊、调竽奇声以耳异③，甘、苦、咸、淡、辛、酸、奇味以口异，香、臭、芬、郁、腥、臊、洒、酸、奇臭以鼻异④，疾、养、沧、热、滑、铍、轻、重以形体异⑤，说、故、喜、怒、哀、乐、爱、恶、欲以心异[⑥]。心有征知[⑦]。征知则缘耳而知声可也，缘目而知形可也，然而征知必将待天官之当簿其类然后可也[⑧]。五官簿之而不知，心征之而无说，则人莫不然谓之不知。此所缘而以同异也。

**注释**

①天官：天生的感官。据《无论》篇，指耳、目、鼻、口、形五官。意物：对事物的感觉。

②比方：比拟。疑：通“拟”，比拟。

③调竽：疑为“调节”，指和谐的乐曲。奇声：指杂乱不和谐的声音。

④郁：鸟身上一种腐臭的气味。腥：猪身上的臊臭气味。臊：狗身上的腥臭气味。洒：当为“漏lóu”字，通“蝼”，马身上类似蝼蛄一样的臊臭气味。酸：当为“庮yǒu”字，牛身上类似烂木头一样的臊臭气味。奇臭xiù：奇异的气味。

⑤疾：痛。养：通“痒”。冶cāng：寒冷，凉。铍：当为“钑”字，通“涩”，不光滑，不灵活，不滑润。

⑥说：通“悦”。故：通“固”，指心中郁结烦闷。

⑦有：犹“能”。征：验，验证。

⑧当：抵，触及。簿：通“薄”，迫近，靠近。

**译文**

那么，根据什么而使事物的名称有同有异呢？回答说：根据人天生的感官。凡是同一个族类、具有相同情感的人，他们天生的感官对事物的感觉也是相同的，所以对事物的比拟只要大体相似就能通晓，这就是人们能共同使用那些约定的名称来互相交往的原因。形体、颜色、纹理，因为眼睛的感觉而不同；声音的清浊、乐声的和谐和不和谐，因为耳朵的感觉而不同；甜、苦、咸、淡、辣、酸以及奇异的味道，因为嘴巴的感觉而不同；香、臭、草的香气、鸟的腐臭、猪腥气、狗臊气、马臭气、牛臭气以及奇异的气味，因为鼻子的感觉而不同；痛、痒、冷、热、滑、涩、轻、重，因为身体的感觉而不同；愉快、烦闷、喜悦、愤怒、悲哀、快乐、喜爱、厌恶以及各种欲望，因为心的感觉而不同。心能够验证认识。既然心能够验证认识，那么就可以依靠耳朵来了解声音，就可以依靠眼睛来了解形状，然而心验证认识却一定要等待天生的感官接触相应的事物之后才行。如果五官接触了外界事物而不能认识，心验证认识而不能说明，那么，人们就不得不说他是无知的。这些就是使事物的名称有同有异的根据。

然后随而命之：同则同之，异则异之，单足以喻则单，单不足以喻则兼[①]，单与兼无所相避则共[②]，虽共，不为害矣。知异实者之异名也，故使异实者莫不异名也，不可乱也，犹使异实者莫不同名也[③]。

故万物虽众，有时而欲遍举之，故谓之“物”。“物”也者，大共名也。推而共之，共则有共[④]，至于无共然后止。有时而欲遍举之[⑤]，故谓之鸟兽。鸟兽也者，大别名也[⑥]。推而别之，别则有别，至于无别然后止。名无固宜，约之以命。约定俗成谓之宜，异于约则谓之不宜。名无固实，约之以命实，约定俗成谓之实名。名有固善，径易而不拂[⑦]，谓之善名。物有同状而异所者[⑧]，有异状而同所者，可别也。状同而为异所者，虽可合，谓之二实。状变而实无别而为异者，谓之化。有化而无别，谓之一实。此事之所以稽实定数也，此制名之枢要也。后王之成名，不可不察也。

**注释**

①单：单名，指单音词。兼：复名，指复音词。

②共：指共名，一类事物共有的名称。

③异：当为“同”字。

④共则有共：共有的名称之中又有共有的名称。

⑤遍：当为“偏”字。

⑥别名：与“共名”相对，指一类事物中的部分事物的名称。

⑦径易：直接平易。拂：逆，违背。

⑧所：处所，此处指实质。

## 译文

然后就依照它来给事物命名：相同的事物就取相同的名称，不同的事物就取不同的名称，单音节的名称能让人明白的就用单音节的名称，单音节的名称不能让人明白就用多音节的名称。单音节的名称和多音节的名称如果不相冲突就使用共有的名称，虽然使用共有的名称，也不会造成什么损害。知道不同的事物要用不同的名称，所以使不同的事物无不具有不同的名称，这是不可混乱的，就像使相同的事物无不具有相同的名称一样。万物虽然众多，有时却想要把它们全部列举出来，所以把它们叫作“物”。“物”是个最大的共有名称。依此推求而给事物制定共有的名称，那么共有的名称之中又有共有的名称，直到不再有共有的名称，然后才终止。有时想要把它们部分地列举出来，所以把它们叫作鸟兽。鸟兽是一种大的别名。依此推求而给事物制定别名，那么别名之中又有别名，直到不再有别名，然后才终止。名称并没有本来就适宜的，而是人们共同约定来命名的。约定而成为习俗就说它是适宜的，和约定的名称不同就叫作不适宜。名称并没有固有的指称对象，而是人们共同约定给实物命名的，约定而成为习俗就把它作为某一实物的名称。有本来就很完美的名称，直接平易而不违背事理，就叫作完美的名称。事物有形状相同而实质不同的，有形状不同而实质相同的，这是可以区别的。形状相同却是不同实质的，即使可以合用一个名称，也叫作两个实物。形状改变但实质并没有改变而成为不同事物的，叫作变化。有变化而实质没有区别的，叫作一个实物。这是对事物考察实质、确定数目的方法，这些就是制定名称的关键。后王确定名称，是不能不明察的。

“见侮不辱”①，“圣人不爱己”②，“杀盗非杀人也”③，此惑于用名以乱名者也。验之所以为有名而观其孰行，则能禁之矣。“山渊平”④，“情欲寡”⑤，“刍豢不加甘，大钟不加乐”⑥，此惑于用实以乱名者也。验之所缘无以同异而观其孰调⑦，则能禁之矣。“非而谒楹有牛，马非马也”⑧，此惑于用名以乱实者也。验之名约，以其所受悖其所辞，则能禁之矣。凡邪说辟言之离正道而擅作者，无不类于三惑者矣。故明君知其分而不与辨也。

**注释**

①见侮不辱：宋钘的观点。《庄子·天下》讲：“宋子见侮不辱，救民之斗。”

②圣人不爱己：可能是《墨子》中的观点。《墨子·大取》讲：“天之爱人也，薄于圣人之爱人也。……圣人恶疾病，不恶危难。”“爱人不外己，己在所爱之中。”

③杀盗非杀人也：《墨子》中的观点。《墨子·小取》讲："盗人，人也。多盗，非多人也，恶多盗，非恶多人也。不爱盗，非不爱人也。杀盗人，非杀人也。"

④山渊平：惠施的观点。《庄子·天下》讲："山与泽平。"

⑤情欲寡：宋钘的观点。《庄子·天下》讲："宋子以情欲寡浅为内，寝兵禁攻为外。"

⑥刍豢不加甘，大钟不加乐：这是墨子的观点。

⑦无：当为衍文。

⑧疑"非而谒楹"为一句，"有牛马非马也"为一句。非：通"飞"。而谒：当作"矢过"。非矢过楹：这是《墨子》中的观点。《墨子·经说上》讲："止，无久之不止，当牛非马，若矢过楹。"飞箭时间长了会停止，但经过柱子的时候并未停止。有牛马非马也：墨子的观点。《墨子·经说下》讲："牛不非牛，马不非马，而牛马非牛非马，无难。""牛"就是指牛，"马"就是指马，如果说"牛马"，就既不是牛，也不是马。

**译文**

"被侮辱不是耻辱"，"圣人不爱自己"，"杀死盗贼并不是杀人"，这些是迷惑于用名称来扰乱名称。用为什么要有名称的原因去验证它们，并观察哪一种能行得通，那么就能禁止这些说法了。“高山和深渊齐平”，“人的欲望很少”，“牛羊猪狗等肉食并不更加香甜，大钟的声音并不更加悦耳”，这些是迷惑于用实物扰乱了名称。用使名称有同有异的根据去验证它们，并观察哪一种能协调，那么就能禁止这些说法了。“飞箭刺穿柱子可以说明停止”，“有牛马，但它不是马”，这些是迷惑于用名称扰乱了实物。用约定名称的原则去验证，用他们所能接受的去反驳他们所拒绝的，那么就能禁止这些说法了。凡是背离正确的原则而擅自发表的邪说谬论，无不类似于这三种迷惑。贤明的君主知道它们与正确学说的区别而不和他们辩论。

夫民易一以道而不可与共故[①]，故明君临之以势，道之以道，申之以命，章之以论[②]，禁之以刑。故其民之化道也如神，辨势恶用矣哉[③]！今圣王没，天下乱，奸言起，君子无势以临之，无刑以禁之，故辨说也。实不喻然后命，命不喻然后期[④]，期不喻然后说，说不喻然后辨。故期、命、辨、说也者，用之大文也，而王业之始也。名闻而实喻，名之用也。累而成文，名之丽也[⑤]。用、丽俱得，谓之知名。名也者，所以期累实也。辞也者，兼异实之名以论一意也。辨说也者，不异实名以喻动静之道也。期命也者，辨说之用也。辨说也者，心之象道也。心也者，道之工宰也[6]。道也者，治之经理也。心合于道，说合于心，辞合于说，正名而期，质请而喻[7]。辨异而不过，推类而不悖，听则合文，辨则尽故。以正道而辨奸，犹引绳以持曲直，是故邪说不能乱，百家无所窜[8]。有兼听之明而无奋矜之容，有兼覆之厚而无伐德之色。说行则天下正，说不行则白道而冥穷[9]，是圣人之辨说也。《诗》曰[10]："颙颙卬卬[11]，如珪如璋[12]，令闻令望[13]。岂弟君子[14]，四方为纲。"此之谓也。

**注释**

①故：原因，所以然。

②章：显示，表明。

③辨势：当为"辨说"之误。

④期：约定。

⑤丽：连接，配合。

⑥工宰：主宰。

⑦质：本。请：通"情"，实情。

⑧窜：躲藏。

⑨穷：通"躬"。冥躬，指隐退。

⑩引诗见《诗经·大雅·卷阿》。

⑪颙 yóng 颙：恭敬的样子。卬 áng 卬：气宇轩昂的样子。

⑫珪璋：玉制的礼器，比喻高尚的人品。

⑬令闻：美好的声誉。令望：指仪容善美，使人景仰。

⑭岂弟：同"恺悌"，和乐平易。

## 译文

百姓容易用道来使言行一致，却不可以和他们共同明了原因，所以贤明的君主用权势来统治他们，用道来引导他们，用命令来告诫他们，用论说来晓谕他们，用刑法来禁止他们。所以他统治的百姓受道的感化十分神速，哪里还用得着辩论和解说呢？现在，圣王死了，天下混乱，奸邪的言论产生，君子没有权势来统治他们，没有刑法来禁止他们，所以需要辩论和解说。实物不能让人知晓就给它命名，命名还不能让人知晓就来约定，约定了还不能让人知晓就解说，解说还不能让人知晓就辩论。所以约定、命名、辩论、解说，是名称使用方面最重要的形式，也是帝王事业的开始。听到名称，它所指称的实物就能被知晓，这是名称的功用。累积名称而形成文章，这是名称的配合。名称的功用、配合都很得当，就叫作了解名称。名称，是用来约定从而表示实物的。言辞，是并用不同实物的名称来论说一个意思的。辩论和解说，是用同一名称和实物来说明是和非的道理。约定和命名，是供辩论和解说时使用的。辩论和解说，是心对道的一种表现。心是道的主宰。道是治国的常理。心符合于道，解说符合于心，言辞符合于解说，使名称正确而符合约定，本于实情而使人知晓。辨别不同的事物而没有过错，推论同类的事物而不违背情理，听取意见时就能合于礼仪，辩论起来就能彻底揭示其原因。用正确的道理来辨别奸邪，就像用墨线来判别曲直一样。所以奸邪的学说就不能让人混乱，各家的学说也无处躲藏。有广泛听取各种意见的明智，而没有骄傲自大的容貌；有兼容并包的宽厚，而没有自夸其德的神色。自己的学说得到实行，那么天下就能得到治理，自己的学说不能实行，那么就彰显正道而隐退，这就是圣人的辩论和解说。《诗经》说："体貌谦恭，气宇轩昂，品德就像珪和璋，声誉美好，仪容善美。和乐平易的君子啊，天下以他为典范。"说的就是这种情况。

辞让之节得矣，长少之理顺矣，忌讳不称，袄辞不出，以仁心说，以学心听，以公心辨。不动乎众人之非誉，不治观者之耳目[①]，不赂贵者之权势，不利传辟者之辞[②]，故能处道而不贰，吐而不夺[③]，利而不流，贵公正而贱鄙争，是士君子之辨说也。《诗》曰[④]："长夜漫兮，永思骞兮[⑤]。大古之不慢兮，礼义之不愆兮，何恤人之言兮！"此之谓也。

**注释**

①治：修养，修饰。一说，治，当为"冶"字之误，"冶"通"蛊"。

②传辟者：传播邪说的人。辟，邪僻。一说，传辟，当为"便辟"，君主左右受宠幸的小臣。

③吐 tǔ：口说，陈说。夺：用强力使之动摇、改变，或由于强力而动摇、改变。

④引诗不见于今本《诗经》，为佚诗。

⑤骞 qiān：通“愆”，罪过，过失。

**译文**

谦让的礼节做到了，长幼的伦理有序了，忌讳的话不去说，奇谈怪论不出口，用仁爱的心去解说，用学习的心去听，用公正的心去辩论。不因为众人的非议或赞美而动摇，不去修饰言辞来取悦旁观者的耳目，不以财物去买通高贵者的权势，不利用传播邪说者的言辞，所以能坚守大道而没有二心，发表意见而不会因强力而改变，言语尖锐而不放纵，崇尚公正而鄙视浅陋的争论。这是士君子的辩论和解说。《诗经》说：“长夜漫漫啊，我常思索我的过失。远古的原则我不怠慢，礼义我从来不违背，何必担忧别人的议论！”说的就是这种情况。

君子之言，涉然而精，俛然而类①，差差然而齐②。彼正其名，当其辞，以务白其志义者也。彼名辞也者，志义之使也，足以相通则舍之矣；苟之，奸也。故名足以指实，辞足以见极③，则舍之矣。外是者谓之讱④，是君子之所弃，而愚者拾以为己宝。故愚者之言，芴然而粗⑤，啧然而不类⑥，誻誻然而沸⑦。

彼诱其名，眩其辞，而无深于其志义者也。故穷藉而无极[8]，甚劳而无功，贪而无名。故知者之言也，虑之易知也，行之易安也，持之易立也，成则必得其所好而不遇其所恶焉。而愚者反是。《诗》曰[9]："为鬼为蜮[10]，则不可得，有靦面目[11]，视人罔极。作此好歌，以极反侧。"此之谓也。

## 注释

①俛然：贴近的样子。俛，同"俯"。

②差cī差：参差不齐。

③见：同"现"，表现。极：根本，中心。

④讱rèn：难，指语言故作艰深。

⑤芴hū然：无根本的样子。芴，通"忽"。

⑥啧zé然：大声纷争的样子。

⑦谘tà谘然：多话的样子。沸：喧腾，喧嚣。

⑧穷：穷尽。藉：同"借"，凭借，依托，此处指搬弄词句。

⑨引诗见《诗经·小雅·何人斯》。

⑩蜮yù：短狐，相传是一种能含沙射人的动物。

⑪靦tiǎn：面部表情。



## 译文

君子的言论，深入而精微，贴切而合乎法则，参差不齐而大旨始终一致。他使名称正确，使言辞恰当确切，以此来努力阐明他的思想。那些名称、言辞，是思想的使者，足以互相沟通就可以了；但如果不审慎地使用它们，就是奸邪之说。所以名称足以指称实物，言辞足以表达思想主旨，就可以了。背离这一原则的叫作故作艰深，这是君子所要抛弃的，但愚蠢之人却捡起来当作自己的宝贝。所以愚蠢之人的言论，没有根据而且粗疏，大声纷争而不合法则，啰唆而喧嚣。他们使用诱人的名称，使用让人眼花缭乱的言辞，而在思想方面却毫无深意。所以他们尽量搬弄各种词句却没有主旨，非常劳累却没有功效，贪图名声却没有声誉。所以明智之人的言论，思索它容易了解，实行它容易做到，坚持它容易立身，成功了就一定能得到自己所喜欢的东西，而不会遇到自己所厌恶的东西。可是愚蠢之人的言论却与此相反。《诗经》说："你若是鬼或是怪，那就无法看清楚，可你有面又有目，人们终会看清你。作此好歌唱一唱，来揭穿你的反复无常。"说的就是这种人。

凡语治而待去欲者，无以道欲而困于有欲者也。凡语治而待寡欲者，无以节欲而困于多欲者也。有欲无欲，异类也，生死也，非治乱也。欲之多寡，异类也，情之数也，非治乱也。欲不待可得，而求者从所可。欲不待可得，所受乎天也；求者从所可，受乎心也[1]。所受乎天之一欲，制于所受乎心之多，固难类所受乎天也。人之所欲，生甚矣，人之所恶，死甚矣，然而人有从生成死者[2]，非不欲生而欲死也，不可以生而可以死也。故欲过之而动不及，心止之也。心之所可中理，则欲虽多，奚伤于治！欲不及而动过之，心使之也。心之所可失理，则欲虽寡，奚止于乱！故治乱在于心之所可，亡于情之所欲。不求之其所在，而求之其所亡，虽曰“我得之”，失之矣。

**注释**

①“受乎心也”前当有一“所”字。

②从：通“纵”，放纵，此指放弃。

**译文**

凡是谈论治理国家要依靠消除人们的欲望的，是没有办法来引导人们的欲望而被人们的欲望所困扰的人。凡是谈论治理国家要依靠减少人们的欲望的，是没有办法来节制人们的欲望而被人们过多的欲望所困扰的人。有欲望和没有欲望，是不同类的，是生和死的区别，但是与国家的安定或混乱无关。欲望的多和少，是不同类的，是人情的必然，也与国家的安定或混乱无关。人的欲望并不是等到所欲之物可能得到才产生，追求满足欲望的人是在他所认可的情况下去追求的。欲望并不是等到所欲之物可能得到才产生，这是天生就有的；追求满足欲望的人是在他所认可的情况下去追求，这是受到心的支配。禀受于天的单纯欲望，被那些受到心的支配而产生的众多考虑所制约，当然很难再类似于禀受于天的单纯欲望了。人们想得到的，莫过于生存，人们所厌恶的，莫过于死亡，然而，有人却放弃生存而选择死亡，这不是不想生存而想死亡，而是因为不可以活而只可以死。所以有时欲望非常强烈而行动却没有达到那种程度，这是因为心制止了它。如果人心所认可的符合道理，那么即使欲望很多，对国家的安定又有什么损害呢？有时欲望不强烈而行动却超过了那种程度，这是由于心驱使它。如果人心所认可的违背道理，那么欲望即使很少，又怎么会阻止国家的混乱呢？所以国家的安定与混乱取决于人心所认可的是否符合道理，而不在于人情的欲望多少。不去从根源所在的地方探求，却到无关的地方去探求，即使自称“我找到了原因”，其实却是丢失了。

性者，天之就也；情者，性之质也；欲者，情之应也。以所欲为可得而求之，情之所必不免也；以为可而道之，知所必出也。故虽为守门，欲不可去，性之具也。虽为天子，欲不可尽。欲虽不可尽，可以近尽也；欲虽不可去，求可节也。所欲虽不可尽，求者犹近尽；欲虽不可去，所求不得，虑者欲节求也。道者，进则近尽，退则节求，天下莫之若也。



**译文**

本性，是天造就的；情感，是本性的实质；欲望，是情感对外物的反应。认为想要的东西可以得到从而去追求它，这是情感所必然不能避免的；认为可行而去实行它，这是智慧所必然作出的打算。所以即使是守门的人，欲望也不可能去掉，这是本性所具有的。即使是天子，欲望也不可能完全得到满足。欲望虽然不可能完全得到满足，却可以接近于完全得到满足；欲望虽然不可能去掉，但对满足欲望的追求却可以节制。欲望虽然不可能完全得到满足，追求的人还是能接近于完全得到满足的；欲望虽然不可能去掉，但所追求的东西得不到，善于思考的人就会想要节制自己的追求。道是这样的，进则可以接近于完全满足自己的欲望，退则可以节制自己的追求，天下没有什么能比得上它。

凡人莫不从其所可，而去其所不可。知道之莫之若也，而不从道者，无之有也。假之有人而欲南无多，而恶北无寡，岂为夫南者之不可尽也，离南行而北走也哉[①]？今人所欲无多，所恶无寡，岂为夫所欲之不可尽也，离得欲之道而取所恶也哉？故可道而从之，奚以损之而乱！不可道而离之，奚以益之而治！故知者论道而已矣，小家珍说之所愿皆衰矣。

**注释**

①行háng：道路。

**译文**

凡是人没有不依从自己所认可的，而抛弃自己所不认可的。知道没有什么比得上道却又不依从道，这种人是没有的。假如有人想往南方去，无论路程多远他都愿意去，假如有人厌恶往北方去，无论路程多近他也不去，难道会因为往南方去的路走不到尽头，就离开了向南的路而向北跑吗？现在人们对于想要得到的，无论多么多也不嫌多，对于所厌恶的，无论多么少也不想要，他们难道会因为想要得到的东西不可能全部得到，就抛弃想要得到的而去求取自己所厌恶的东西吗？所以人们认可道而依从它，还能用什么来损害它而使国家混乱呢？人们不认可道而背离它，还能用什么来增加它而使国家安定呢？所以明智的人只谈论道罢了，那些百家异说所追求的一套就都衰亡了。

凡人之取也，所欲未尝粹而来也[1]；其去也，所恶未尝粹而往也。故人无动而不可以不与权俱[2]。衡不正，则重县于仰而人以为轻[3]，轻县于俛而人以为重，此人所以惑于轻重也。权不正，则祸托于欲而人以为福，福托于恶而人以为祸，此亦人所以惑于祸福也。道者，古今之正权也，离道而内自择，则不知祸福之所托。

**注释**

①粹：通“萃”，齐全，集聚。

②权：秤锤，引申为衡量行为的准则。俱：在一起。

③县：通“悬”，挂。仰：抬高。

**译文**

凡是人们求取的时候，想要得到的东西从来没有全部得到的；人们舍弃的时候，所厌恶的东西从来没有全部去掉的。所以人们无论做什么都不能不用准则来衡量。秤如果不准确，那么挂上重的东西会翘起来，而人们就会把它当作轻的，挂上轻的东西反而会低下去，而人们就会把它当作重的，这就是人们对轻重产生迷惑的原因。准则如果不正确，那么祸患寄托在人们的欲求中，而人们还把它当作幸福，幸福寄托在人们的厌恶中，而人们还把它当作祸患，这也是人们对祸福产生迷惑的原因。道，是从古至今最正确的准则，背离道而由内心自己选择，就会不知道祸福所寄托的地方。

易者以一易一，人曰无得亦无丧也；以一易两，人曰无丧而有得也；以两易一，人曰无得而有丧也。计者取所多，谋者从所可。以两易一，人莫之为，明其数也。从道而出，犹以一易两也，奚丧！离道而内自择，是犹以两易一也，奚得！其累百年之欲，易一时之嫌①，然且为之，不明其数也。

**注释**

①嫌：厌恶。

**译文**

交换，用一件换一件，人们就说没有得益也没有损失；用一件换两件，人们就说没有损失而有得益；用两件换一件，人们就说没有得益而有损失。善于算计的人选取多的东西，善于谋划的人依从他所认可的东西。用两件换一件，没有一个人愿意干这种事，因为明了它们的数量。依从道去行动，就好像用一件去换两件，怎么会有损失！背离道而由内心自己选择，这就好像用两件去换一件，怎么能得益！积累了长时间的欲望，只换取自己所厌恶的，然而还要去做，这是不明了它们的数量关系。

有尝试深观其隐而难其察者[①]，志轻理而不重物者，无之有也；外重物而不内忧者，无之有也；行离理而不外危者，无之有也；外危而不内恐者，无之有也。心忧恐则口衔刍豢而不知其味，耳听钟鼓而不知其声，目视黼黻而不知其状，轻暖平簟而体不知其安[②]。故向万物之美而不能嗛也[③]，假而得问而嗛之[④]，则不能离也。故向万物之美而盛忧，兼万物之利而盛害。如此者,其求物也？养生也？粥寿也[⑤]？故欲养其欲而纵其情，欲养其性而危其形，欲养其乐而攻其心，欲养其名而乱其行。如此者，虽封侯称君，其与夫盗无以异；乘轩戴绕[⑥]，其与无足无以异[⑦]。夫是之谓以己为物役矣。

**注释**

①有：通“又”。尝试：试探。“难”后“其”字为衍文。

②簟diàn：供坐卧铺垫用的苇席或竹席。

③向：通“享”。下同。嗛qiè：通“慊”，满足，快意。

④问：当为“间”之误，指短暂的时刻。

⑤粥yù：同“鬻”，卖。

⑥绕miǎn：通“冕”，古代的礼帽。

⑦无足：没有脚，指受刖刑被截去双脚的罪犯。

## 译文

我又试探着深入地观察那些隐蔽而又难以看清的情况。内心轻视道理而又不看重物质，这种人是没有的；外表看重物质而内心不忧虑，这种人是没有的；行为背离道理而不遭遇外来危险，这种人是没有的；遭遇外来的危险而内心不恐惧，这种人是没有的。内心忧虑恐惧，那么嘴里吃着肉食也感觉不到美味，耳朵听着钟鼓的乐声也感觉不到动听，眼睛看着锦绣的花纹也感觉不到美丽，穿着轻柔暖和的衣服躺在竹席之上身体也感觉不到舒适。所以享受到了万物中美好的东西仍不能满足，即使得到暂时的满足，还是不能摆脱忧虑恐惧。所以享受到了万物中美好的东西却极其忧虑，得到了万物的好处却极其有害。像这样的人，他追求外物，是在保养生命呢？还是在出卖寿命？想要满足自己的欲望而放纵自己的情欲，想要保养自己的生命而危害自己的形体，想要得到快乐而伤害自己的心灵，想要得到名声却胡作非为。像这样的人，即使被封为诸侯、称作国君，他们和那些盗贼也没有什么区别；即使乘坐着大车、戴着礼帽，他们和没有脚的人也没有什么区别。这就叫作使自己为外物所奴役。

心平愉，则色不及佣而可以养目①，声不及佣而可以养耳，蔬食菜羹而可以养口②。粗布之衣、粗紃之履而可以养体。屋室、庐庾、葭稾蓐、尚机筵而可以养形③。故无万物之美而可以养乐，无势列之位而可以养名。如是而加天下焉，其为天下多，其和乐少矣④，夫是之谓重己役物。无稽之言⑤，不见之行，不闻之谋，君子慎之。

**注释**

①佣：庸俗，平凡。

②蔬食：同“疏食”，粗食。

③屋室：当为“局室”。局，局促，狭窄。庐庾：当为“芦帘”。葭jiā：当为衍文。稾蓐gǎorù：枯草做的垫子。尚：当为“敝”，同“敝”，破旧。机：通“几”，几案，小桌子。筵yán：用竹篾、枝条和蒲苇等编织而成的席子。

④和：当为“私”字。

⑤无稽：无从查考，没有根据。稽，考核，查考。



**译文**

内心平静愉悦，那么不到一般水平的颜色也可以满足眼睛的欲望，不到一般水平的声音也可以满足耳朵的欲望，粗饭、菜羹，也可以满足嘴巴的欲望，粗布做的衣服、粗麻绳编的鞋子，也可以满足身体的欲望，局促的房间、芦苇做的帘子、枯草做的垫子、破旧的几案竹席，也可以满足形体的欲望。所以虽然没有享受到万物中美好的东西也可以得到快乐，没有权势、地位也仍然可以得到名声。像这样的人，把天下交给他，他就会为天下操劳得多，为自己的享乐考虑得少，这就叫作看重自己而役使外物。无从查考的言论，没有见过的行为，没有听过的计谋，君子谨慎地对待它们。

# 性　恶

## 题解

本篇为《荀子》第二十三篇，集中阐明了荀子“性恶论”的观点，批判了孟子的“性善论”。荀子从多角度、多层次论证人性是恶的，人的善良行为不是出自人性而是后天的人为。人生来就有生理的需求和物质欲望，如果顺着人的这一本性会带来人与人之间的争夺、欺诈，从而引起社会的混乱，因此，荀子主张通过礼义法度对人性进行矫饬，从而使其端正。他认为圣人是人积累善行而达到的，如果普通人能信服仁义而进行学习，专心致志，持之以恒，积累善行而不停止，就能够成为圣人，所以他强调后天学习和环境影响的重要性，主张“求贤师”“择良友”。

人之性恶，其善者伪也。今人之性，生而有好利焉，顺是，故争夺生而辞让亡焉；生而有疾恶焉[①]，顺是，故残贼生而忠信亡焉；生而有耳目之欲，有好声色焉，顺是，故淫乱生而礼义文理亡焉。然则从人之性[②]，顺人之情，必出于争夺，合于犯分乱理而归于暴。故必将有师法之化、礼义之道[③]，然后出于辞让，合于文理，而归于治。用此观之，然则人之性恶明矣，其善者伪也。

**注释**

①疾：妒忌。

②从：通“纵”。

③道：引导。

**译文**

人的本性是恶的，他们的善良行为是人为的。人的本性，生来就有喜好财利之心，顺着这种人性，所以争抢掠夺产生而推辞谦让就消失了；生来就有妒忌憎恨之心，顺着这种人性，所以残杀伤害就产生而忠诚守信就消失了；生来就有耳朵、眼睛的欲望，喜好美声和美色，顺着这种人性，所以淫荡混乱就产生而礼义法度就消失了。那么，放纵人的本性，顺着人的情欲，就一定产生争抢掠夺，出现违背等级名分、扰乱事理的行为，而最终导致暴乱。所以一定要有师长和法度的教化、礼义的引导，然后产生推辞谦让，行为合乎礼仪，而最终趋向于安定。由此看来，人的本性是恶的就很明显了，他们的善良行为是人为的。

故枸木必将待櫽栝、烝、矫然后直[①]，钝金必将待砻、厉然后利[②]。今人之性恶，必将待师法然后正，得礼义然后治。今人无师法则偏险而不正，无礼义则悖乱而不治。古者圣王以人之性恶，以为偏险而不正，悖乱而不治，是以为之起礼义，制法度，以矫饰人之情性而正之③，以扰化人之情性而导之也④。始皆出于治、合于道者也⑤。今之人，化师法、积文学、道礼义者为君子；纵性情、安恣睢而违礼义者为小人。用此观之，然则人之性恶明矣，其善者伪也。

## 注释

①枸gōu：弯曲。檃栝yǐnkuò：矫正竹木邪曲的工具，揉曲叫作“檃”，正方叫作“栝”。烝zhēng：同“蒸”，用蒸汽加热，这是为了使木材柔软以便矫正。

②金：金属之器，指有锋刃的武器或工具。砻lóng：磨。厉：同“砺”，磨砺。

③矫饰：亦作“矫饬”，整饬，整改。

④扰化：犹教化。扰，驯养。

⑤始：应作“使”。

## 译文

所以弯曲的木材一定要依靠矫正工具进行熏蒸、矫正，然后才能变直；不锋利的金属一定要依靠磨砺，然后才能锋利。人的本性是恶的，一定要依靠师长和法度的教化才能端正，要得到礼义的引导才能有规矩。人们没有师长和法度，就会偏颇邪僻而不端正；没有礼义，就会悖逆昏乱而没有规矩。古代圣王认为人的本性是恶的，认为人们偏颇邪僻而不端正；悖逆昏乱而没有规矩，因此为他们创建了礼义、制定了法度，用来整饬人们的性情而使其端正，用来教化人们的性情而引导他们。使人们都能遵守秩序从而符合于道。现在的人，能够得到师长和法度的教化，积累文献经典的知识、遵行礼义的，就是君子；放纵性情、习惯于放纵暴戾而违背礼义的，就是小人。由此看来，那么人的本性是恶的就很明显了，他们的善良行为是人为的。

孟子曰[①]：“人之学者，其性善。”曰：是不然。是不及知人之性[②]，而不察乎人之性、伪之分者也。凡性者，天之就也，不可学，不可事；礼义者，圣人之所生也，人之所学而能、所事而成者也。不可学、不可事而在人者谓之性，可学而能、可事而成之在人者谓之伪。是性、伪之分也。今人之性，目可以见，耳可以听。夫可以见之明不离目，可以听之聪不离耳。目明而耳聪，不可学明矣。孟子曰：“今人之性善，将皆失丧其性故也[③]。”曰：若是，则过矣。今人之性，生而离其朴，离其资[④]，必失而丧之。用此观之，然则人之性恶明矣。

## 注释

①孟子：即孟轲，主张人性善。此处引语不见于今本《孟子》。

②及：达到，够。

③将：犹“必”。“故”后当有一“恶”字。

④资：禀赋，才质。

## 译文

孟子说：“人们之所以能学习，是因为本性是善的。”回答说：这种说法是不对的。这是没有能了解人的本性，而且也不知道人的本性和人为之间的区别。大凡本性，是天造就的，是不可能通过学习得到，也是不可能人为做到的；礼义，是圣人所创造的，是人们通过学习才会、努力从事才能做到的。人身上不可能通过学习得到、不可能人为做到的，叫作本性；人身上可以学会、可以通过努力从事而做到的，叫作人为。这就是本性和人为的区别。人的本性，眼睛可以看，耳朵可以听。那可以看的视力离不开眼睛，可以听的听觉离不开耳朵。眼睛的视力和耳朵的听觉不可能通过学习得到是很清楚的。孟子说：“人的本性是善的，为恶都是丧失了他们的本性的缘故啊。”回答说：像这样解释就错了。人的本性生来就脱离了他的素朴、脱离了他的资质，一定会丧失它的美和善，由此看来，那么人的本性是恶的就很明显了。

所谓性善者，不离其朴而美之，不离其资而利之也。使夫资朴之于美、心意之于善，若夫可以见之明不离目，可以听之聪不离耳。故曰目明而耳聪也。今人之性，饥而欲饱，寒而欲暖，劳而欲休，此人之情性也。今人饥，见长而不敢先食者，将有所让也；劳而不敢求息者，将有所代也。夫子之让乎父，弟之让乎兄，子之代乎父，弟之代乎兄，此二行者，皆反于性而悖于情也。然而孝子之道、礼义之文理也。故顺情性则不辞让矣，辞让则悖于情性矣。用此观之，然则人之性恶明矣，其善者伪也。

**译文**

所谓的人性善，是指不离开他的朴素而觉得很美，不离开他的资质而觉得很好。那资质和美的关系、心意和善的关系就像那可以看的视力离不开眼睛，可以听的听觉离不开耳朵一样，所以说眼睛明亮而耳朵灵敏。人的本性，饿了想要吃饱，冷了想要穿暖，累了想要休息，这些就是人的本性。人饿了，看见尊长而不敢先吃，要有所谦让；累了，看见尊长而不敢要求休息，要有所代劳。儿子谦让父亲，弟弟谦让哥哥，儿子代替父亲操劳，弟弟代替哥哥操劳，这两种行为都是违反本性而背离人情的，却是孝子的原则、礼义的制度。所以顺着本性就不会推辞谦让，推辞谦让就背离本性了。由此看来，那么人的本性是恶的就很明显了，他们的善良行为是人为的。

问者曰："人之性恶，则礼义恶生？"应之曰：凡礼义者，是生于圣人之伪，非故生于人之性也[①]。故陶人埏埴而为器[②]，然则器生于工人之伪[③]，非故生于人之性也。故工人斫木而成器，然则器生于工人之伪，非故生于人之性也。圣人积思虑，习伪故，以生礼义而起法度，然则礼义法度者，是生于圣人之伪，非故生于人之性也。若夫目好色，耳好声，口好味，心好利，骨体肤理好愉佚[④]，是皆生于人之情性者也，感而自然，不待事而后生之者也[⑤]。夫感而不能然，必且待事而后然者，谓之生于伪。是性、伪之所生，其不同之征也。故圣人化性而起伪，伪起而生礼义，礼义生而制法度。然则礼义法度者，是圣人之所生也。故圣人之所以同于众，其不异于众者，性也；所以异而过众者，伪也。夫好利而欲得者，此人之情性也。假之人有弟兄资财而分者，且顺情性，好利而欲得，若是，则兄弟相拂夺矣[⑥]；且化礼义之文理，若是则让乎国人矣。故顺情性则弟兄争矣，化礼义则让乎国人矣。

## 注释

①故：本来，原先。

②埏埴shān zhí：和泥制作陶器。埏，以水和土。埴，黏土。

③工人：应作“陶人”。

④肤理：皮肤的纹理。愉佚：也作“愉逸”，安逸，快乐。

⑤待：须，需要。

⑥拂夺：争夺。

## 译文

有人问：“人的本性是恶的，那么礼义是怎么产生的呢？”我回应他说：凡是礼义，都产生于圣人的人为，而不是本来产生于人的本性。制陶的人调和泥土制作陶器，那么陶器产生于制陶人的人为制造，而不是本来产生于人的本性。木工砍削木材而制成木器，那么木器产生于工人的人为加工，而不是本来产生于人的本性。圣人深思熟虑、习知人为的事情，从而产生礼义、建立法度，那么礼义法度便是产生于圣人的人为，而不是本来产生于人的本性。至于眼睛爱看美色，耳朵爱听美声，嘴巴爱吃美味，内心爱好财利，身体喜欢安逸，这些都产生于人的本性，是自己感而即知，并非努力从事之后才产生出来的。那些并不是自行感知而需要努力从事才能形成的，便叫作人为。这便是产生于本性和产生于人为的不同特征。圣人改变恶的本性而作出人为的努力，人为的努力做出后产生了礼义，礼义产生后制定法度。那么，礼义法度便是圣人所创制的。圣人和众人相同的地方，是本性；圣人和众人不同而又超过众人的地方，是人为。爱好财利而想要得到，这是人的本性。假如有兄弟之间要分财产，顺着爱好财利而想要得到的本性，那么兄弟之间会互相争夺；如果受到礼义法度的教化，那么就会推让给国人了。所以顺着人的本性，那就会兄弟相争；受到礼义的教化，那就会推让给国人。

凡人之欲为善者，为性恶也。夫薄愿厚，恶愿美，狭愿广，贫愿富，贱愿贵，苟无之中者，必求于外；故富而不愿财，贵而不愿势，苟有之中者，必不及于外。用此观之，人之欲为善者，为性恶也。今人之性，固无礼义，故强学而求有之也；性不知礼义，故思虑而求知之也。然则生而已①，则人无礼义，不知礼义。人无礼义则乱，不知礼义则悖。然则生而已，则悖乱在己。用此观之，人之性恶明矣，其善者伪也。



**注释**

①生：同“性”。下文“然则生而已”句同。

**译文**

凡是人们想做善事，正是本性恶的缘故。微薄的希望丰厚，丑陋的希望美丽，狭窄的希望宽广，贫穷的希望富有，卑贱的希望高贵，如果本身没有，就一定要向外去追求；所以富有了就不羡慕钱财，高贵了就不羡慕权势，如果本身有了，就一定不会向外去追求。由此看来，人们想做善事，正是本性恶的缘故。人的本性，本来没有礼义，所以才努力学习而力求得到它；人的本性不了解礼义，所以才思索考虑而力求了解它。那么如果只有本性，人就不会有礼义，也不会了解礼义。人没有礼义就会昏乱，不了解礼义就会悖逆。那么如果只有本性，在他自身就只有悖逆昏乱了。由此看来，人的本性是恶的就很明显了，他们的善良行为是人为的。

孟子曰："人之性善。"曰：是不然。凡古今天下之所谓善者，正理平治也；所谓恶者，偏险悖乱也。是善恶之分也已。今诚以人之性固正理平治邪？则有恶用圣王、恶用礼义矣哉[①]！虽有圣王礼义，将曷加于正理平治也哉！今不然，人之性恶。故古者圣人以人之性恶，以为偏险而不正、悖乱而不治，故为之立君上之势以临之，明礼义以化之，起法正以治之，重刑罚以禁之，使天下皆出于治、合于善也。

是圣王之治，而礼义之化也。今当试去君上之势[2]，无礼义之化，去法正之治，无刑罚之禁，倚而观天下民人之相与也[3]，若是，则夫强者害弱而夺之，众者暴寡而哗之[4]，天下之悖乱而相亡不待顷矣。用此观之，然则人之性恶明矣，其善者伪也。

**注释**

①有：通“又”。恶wū：怎么。

②当试：通“尝试”，试行，试验。

③倚：立。

④哗：读为“华”，剖开。

**译文**

孟子说：“人的本性是善的。”回答说：这种说法不对。凡是从古到今，天下人所说的善，是指端正顺理、合于法度；所谓的邪恶，是指偏颇邪僻、悖逆昏乱。这就是善和恶的区别。果真认为人的本性本来就是端正顺理、合于法度的吗？那么又怎么用得着圣王、怎么用得着礼义呢？即使有了圣王和礼义，在那端正顺理、合于法度的本性之上又能增加些什么呢？其实并不是这样，人的本性是恶的。古代的圣人认为人的本性是恶的，认为人们偏颇邪僻而不端正、悖逆昏乱而没有规矩，所以给他们确立君主的权势来统治他们，彰明礼义来教化他们，建立起法制来管理他们，加重刑罚来禁止他们，使天下人都遵守秩序、符合善的标准。这就是圣王的治理、礼义的教化。如果尝试抛掉君主的权势，取消礼义的教化，废弃法制的管理，没有刑罚的禁止，站在一旁观看天下人相互交往，那么，那些强大的就会侵害弱小的而分裂他们，人多的就会凌辱人少的而侵扰他们，天下人悖逆昏乱而各国先后灭亡的局面不等片刻就会出现。由此看来，人的本性是恶的就很明显了，他们的善良行为是人为的。

故善言古者必有节于今[①]，善言天者必有征于人。凡论者，贵其有辨合[②]，有符验[③]，故坐而言之，起而可设，张而可施行。今孟子曰“人之性善”，无辨合符验，坐而言之，起而不可设，张而不可施行，岂不过甚矣哉！故性善则去圣王、息礼义矣；性恶则与圣王、贵礼义矣。故檃栝之生，为枸木也；绳墨之起，为不直也；立君上，明礼义，为性恶也。用此观之，然则人之性恶明矣，其善者伪也。

**注释**

①节：验证。

②辨合：符合，契合，指论说的道理与事实相符。辨，通“莂”，即“莂券”，古代借贷所用的一种凭证，别之为二，双方各执其一，以相合为验。

③符验：即符节，此处指凭据。

**译文**

善于谈论古代的人，一定要用现代做验证；善于谈论天的人，一定要用人事做验证。凡是论辩，可贵之处在于合于事实、有凭据，所以坐着谈论，站起来就可以布置，推广起来就可以实行。现在孟子说“人的本性是善的”，不合事实，没有凭据，坐着谈论它，站起来不能布置，推广起来不能实行，这难道不是错得很严重吗？所以如果人的本性是善的，那就会抛掉圣王、取消礼义了；如果人的本性是恶的，那就会赞同圣王而推崇礼义了。矫正工具的产生，是因为有弯曲的木材；绳墨的出现，是因为有不直的东西；设立君主，彰明礼义，是因为人的本性是恶的。由此看来，人的本性是恶的就很明显了，他们的善良行为是人为的。

直木不待檃栝而直者，其性直也；枸木必将待檃栝、烝、矫然后直者，以其性不直也。今人之性恶，必将待圣王之治、礼义之化，然后皆出于治、合于善也。用此观之，然则人之性恶明矣，其善者伪也。



**译文**

笔直的木材不依靠矫正工具就笔直，因为它的本性就是直的；弯曲的木材一定要依靠矫正工具进行熏蒸、矫正然后才能挺直，因为它的本性不直。人的本性是恶的，一定需要圣明帝王的治理、礼义的教化，然后才能都遵守秩序、符合善的标准。由此看来，人的本性是恶的就很明显了，他们的善良行为是人为的。

问者曰："礼义积伪者，是人之性，故圣人能生之也。"应之曰：是不然。夫陶人埏埴而生瓦，然则瓦埴岂陶人之性也哉？工人斫木而生器，然则器木岂工人之性也哉？夫圣人之于礼义也，辟则陶埏而生之也[①]，然则礼义积伪者，岂人之本性也哉？凡人之性者，尧、舜之与桀、跖，其性一也；君子之与小人，其性一也。今将以礼义积伪为人之性邪？然则有曷贵尧、禹[②]，曷贵君子矣哉？凡所贵尧、禹、君子者，能化性，能起伪，伪起而生礼义。然则圣人之于礼义积伪也，亦犹陶埏而生之也。用此观之，然则礼义积伪者，岂人之性也哉？所贱于桀、跖、小人者，从其性，顺其情，安恣睢，以出乎贪利争夺。故人之性恶明矣，其善者伪也。

**注释**

①辟：通"譬"。

②有：通"又"。

## 译文

有人说："积累人为而制定礼义，这也是人的本性，所以圣人才能创造出礼义来啊。"我回应他说：这种说法不对。制陶的人调和黏土而制成瓦器，那么把泥土制成瓦器难道是制陶人的本性吗？木工砍削木材而加工出器具，那么把木材加工成器具难道是木工的本性吗？圣人对于礼义，打个比方说，就像制陶的人调和黏土而制成瓦器一样，那么积累人为而制定礼义，难道是人的本性吗？凡是人的本性，尧、舜和桀、跖，他们的本性是一样的；君子和小人，他们的本性是一样的。现在要把积累人为而制定礼义当作人的本性吗？那么又为什么要崇尚尧、禹，为什么要崇尚君子呢？凡是人们崇尚尧、禹和君子，是因为他们能改变人的本性，能作出人为的努力，人为的努力作出后礼义就产生了。既然这样，那么圣人对于积累人为而制定礼义，也就像制陶的人调和黏土而制成瓦器一样。由此看来，那么积累人为而制定礼义，难道是人的本性吗？人们鄙视桀、跖和小人，是因为他们放纵本性，顺从情欲，习惯于放纵暴戾，以致做出贪图财利、争抢掠夺的行为。所以人的本性是恶的就很明显了，他们的善良行为是人为的。

天非私曾、骞、孝己而外众人也[1]，然而曾、骞、孝己独厚于孝之实而全于孝之名者，何也？以綦于礼义故也。天非私齐、鲁之民而外秦人也，然而于父子之义、夫妇之别，不如齐、鲁之孝具敬父者[2]，何也？以秦人之从情性、安恣睢、慢于礼义故也，岂其性异矣哉？

**注释**

①曾、骞：指曾参shēn、闵子骞，都是孔子的学生，以孝闻名。孝己：殷高宗的太子，也以孝闻名。

②具：当为“共”字，“共”通“恭”。父：当为“文”字。

**译文**

上天并不是偏爱曾参、闵子骞、孝己而排斥众人，然而唯独曾参、闵子骞、孝己丰富了孝道的实质而成全了孝子的名声，为什么呢？因为他们尽力奉行礼义。上天并不是偏爱齐国、鲁国的人民而排斥秦国人，然而，在父子之间的礼义、夫妻之间的分别上，秦国人不如齐国、鲁国的人孝顺恭敬、端肃有礼，为什么呢？因为秦国人放纵情性，习惯于放纵暴戾而怠慢礼义，难道是他们的本性不同吗？

“涂之人可以为禹[①]”，曷谓也？曰：凡禹之所以为禹者，以其为仁义法正也。然则仁义法正有可知可能之理，然而涂之人也，皆有可以知仁义法正之质，皆有可以能仁义法正之具，然则其可以为禹明矣。今以仁义法正为固无可知可能之理邪？然则唯禹不知仁义法正、不能仁义法正也[②]。将使涂之人固无可以知仁义法正之质，而固无可以能仁义法正之具邪？然则涂之人也，且内不可以知父子之义，外不可以知君臣之正。不然。今涂之人者，皆内可以知父子之义，外可以知君臣之正，然则其可以知之质、可以能之具，其在涂之人明矣。今使涂之人者以其可以知之质、可以能之具，本夫仁义之可知之理、可能之具[③]，然则其可以为禹明矣。今使涂之人伏术为学[④]，专心一志，思索孰察，加日县久[⑤]，积善而不息，则通于神明，参于天地矣。故圣人者，人之所积而致矣。

**注释**

①涂：通“途”。

②唯：虽然，即使。

③本：根据，依据。

④伏：通“服”。

⑤加日：累日。

## 译文

“路上的普通人可以成为禹”，这句话是什么意思呢？回答说：禹之所以成为禹，是因为他能实行仁义法制。既然这样，仁义法制就具有可以了解、可以做到的性质，而普通人也都具有可以了解仁义法制的资质，都具有可以做到仁义法制的条件，那么，他们可以成为禹也就很明显了。现在认为仁义法制本来就没有可以了解、可以做到的性质吗？那么，即使是禹也不能了解仁义法制、不能做到仁义法制了。认为普通人本来就没有可以了解仁义法制的资质，本来就没有可以做到仁义法制的条件吗？那么，普通人对内不可能了解父子之间的礼义，对外不可能了解君臣之间的准则了。实际上不是这样。现在普通人都是对内能了解父子之间的礼义，对外能了解君臣之间的准则，那么，可以了解仁义法制的资质、可以做到仁义法制的条件，存在于普通人身上也就很明显了。现在如果让普通人用他们可以了解仁义的资质、可以做到仁义的条件，根据仁义可以了解的性质、可以做到的条件去做，那么，他们可以成为禹也就很明显了。现在如果让普通人信服道术进行学习，专心致志，思考探求，仔细观察，日复一日持之以恒，积累善行而不停止，那就能和神明相通，和天地匹配了。所以圣人，是人积累善行而达到的。

曰："圣可积而致，然而皆不可积，何也？"曰：可以而不可使也[1]。故小人可以为君子而不肯为君子，君子可以为小人而不肯为小人。小人、君子者，未尝不可以相为也，然而不相为者，可以而不可使也。故涂之人可以为禹则然，涂之人能为禹未必然也。虽不能为禹，无害可以为禹。足可以遍行天下，然而未尝有能遍行天下者也。夫工匠、农、贾，未尝不可以相为事也，然而未尝能相为事也。用此观之，然则可以为，未必能也；虽不能，无害可以为。然则能不能之与可不可，其不同远矣，其不可以相为明矣。

**注释**

①使：迫使，指由别人迫使他去做到。

**译文**

有人说："圣人可以通过积累善行而达到，但是人们都不能积累善行，为什么呢？"回答说：自己可以做到，却不能迫使他们做到。所以小人可以成为君子而不肯成为君子，君子可以成为小人而不肯成为小人。小人和君子，并非不可以互相对调，然而他们没有互相对调，是因为可以做到却不能迫使他们做到。所以普通人可以成为禹，那是对的；普通人都成为禹，那就不一定对了。即使不能成为禹，但不妨害可以成为禹。脚可以走遍天下，但是不曾有能走遍天下的人。工匠、农夫、商人，并非不可以互相调换做事，但是未曾互相调换做事。由此看来，可以做到，不一定就能做到；即使没能做到，也不妨害可以做到。那么，能不能做到和可不可以做到，它们的差别是很大的，他们不可以互相调换是很明显的。

尧问于舜曰："人情何如？"舜对曰："人情甚不美，又何问焉？妻子具而孝衰于亲，嗜欲得而信衰于友，爵禄盈而忠衰于君。人之情乎！人之情乎！甚不美，又何问焉？"唯贤者为不然。有圣人之知者，有士君子之知者，有小人之知者，有役夫之知者。多言则文而类，终日议其所以，言之千举万变，其统类一也，是圣人之知也。少言则径而省，论而法[①]，若佚之以绳[②]，是士君子之知也。其言也谄[③]，其行也悖，其举事多悔，是小人之知也。齐给、便敏而无类[④]，杂能、旁魄而无用[⑤]，析速、粹孰而不急[⑥]，不恤是非，不论曲直，以期胜人为意，是役夫之知也。

**注释**

①论：通"伦"，条理。

②佚：当为“扶”字，辅，帮助。

③谄 tāo：诞妄。

④便敏：即“便利”。

⑤旁魄 bó：同“旁薄”“磅礴”，广大无边。

⑥孰：“熟”的古字，纯熟，精熟。

## 译文

尧问舜说：“人情怎么样？”舜回答说：“人情很不好，又何必问呢？有了妻子儿女，对父母的孝顺就减弱了；嗜好欲望满足了，对朋友的诚信就减弱了；爵位俸禄满意了，对君主的忠诚就减弱了。人情啊！人情啊！很不好，又何必问呢？”只有贤德的人不是这样。有圣人的智慧，有士君子的智慧，有小人的智慧，有劳役者的智慧。说话多，有文采又合乎法则，终日谈论其主张的原因，说起话来旁征博引、变化万千，但纲纪条例始终一致，这是圣人的智慧。说话少，直接而精练，有条理又合法度，就像用绳墨比着一样，这是士君子的智慧。说话怪诞，行为悖逆，做事经常后悔，这是小人的智慧。说话快速、敏捷但不合法度，技能驳杂，见识广博而没有用处，分析问题迅速、遣词造句纯熟但无关紧要，不顾是非，不讲曲直，把希望胜过别人作为心愿，这是劳役者的智慧。

有上勇者，有中勇者，有下勇者。天下有中[1]，敢直其身；先王有道，敢行其意；上不循于乱世之君，下不俗于乱世之民[2]；仁之所在无贫穷，仁之所亡无富贵；天下知之，则欲与天下同苦乐之，天下不知之，则傀然独立天地之间而不畏[3]；是上勇也。礼恭而意俭，大齐信焉而轻货财，贤者敢推而尚之，不肖者敢援而废之，是中勇也。轻身而重货，恬祸而广解[4]，苟免，不恤是非、然不然之情，以期胜人为意，是下勇也。

**注释**

①中：中正之道，指礼义。

②俗：从其习俗。

③傀然：独立的样子。傀，通“块”。

④恬：安。

**译文**

有上等的勇敢，有中等的勇敢，有下等的勇敢。天下有中正之道，敢于挺身捍卫；先王有正道，敢于施行他们的精神；上不依顺混乱时代的君主，下不从俗于混乱时代的人民；仁德存在的地方没有贫穷，仁德丧失的地方没有富贵；天下人都了解他，就要和天下人同甘共苦；天下人不了解他，就决然独立于天地之间而无所畏惧；这是上等的勇敢。礼貌恭敬而内心谦让，重视中正诚信而看轻财货，对于贤能的人敢于推荐他处于上位，对于不贤的人敢于把他拉下来废除，这是中等的勇敢。看轻自己的生命而看重财货，习惯于闯祸而又多方解脱，苟且免于损害，不顾是非对错、赞同不对的实情，把希望胜过别人作为自己的心愿，这是下等的勇敢。

繁弱、钜黍[①]，古之良弓也，然而不得排檠则不能自正[②]。桓公之葱[③]，太公之阙[④]，文王之录[⑤]，庄君之曶[⑥]，阖闾之干将、莫邪、钜阙、辟闾[⑦]，此皆古之良剑也，然而不加砥厉则不能利，不得人力则不能断。骅骝、骐、骥、纤离、绿耳[⑧]，此皆古之良马也，然而前必有衔辔之制，后有鞭策之威，加之以造父之驭，然后一日而致千里也。夫人虽有性质美而心辩知，必将求贤师而事之，择良友而友之。得贤师而事之，则所闻者尧、舜、禹、汤之道也；得良友而友之，则所见者忠信敬让之行也。身日进于仁义而不自知也者，靡使然也[⑨]。今与不善人处，则所闻者欺诬、诈伪也，所见者污漫、淫邪、贪利之行也[⑩]，身且加于刑戮而不自知者，靡使然也。传曰："不知其子视其友，不知其君视其左右。"靡而已矣！靡而已矣！

## 注释

①繁弱、钜jù黍：古代良弓名。

②排檠qíng：矫正弓弩的器具。

③葱：齐桓公所用的良剑名，剑呈青色。

④阙què：姜太公所用的良剑名。

⑤录：通“绿”，周文王所用的良剑名，剑呈绿色。

⑥庄君：指楚庄王。曶hū：楚庄王所用的良剑名，剑光恍惚。

⑦干将、莫邪、钜阙、辟闾：都是吴王阖闾所用的良剑名。

⑧骅骝huá liú：红身黑鬃尾的马，泛指骏马。骐qí：同“骐”，有青黑斑纹的马。纤离：骏马名。绿耳：良马名。绿，通“騄lù”。

⑨靡：通“摩”，研磨，切磋，引申为潜移默化，沾染。

⑩污漫：污秽卑鄙。

## 译文

繁弱、钜黍，是古代的良弓，然而得不到排檠的矫正，就不能自己平正。齐桓公的葱，姜太公的阙，周文王的录，楚庄王的曶，吴王阖闾的干将、莫邪、钜阙、辟闾，这些都是古代的良剑，然而不加以磨砺就不会锋利，不借助人力就不能斩断东西。骅骝、骐、骥、纤离、騄耳，这些都是古代的良马，然而前面必须有嚼子、辔头的约束，后面有鞭子的威胁，再加上造父的驾驭，然后才能一天跑到千里。人即使有了美好的资质，而且心灵善于辨别理解，也一定要寻求贤能的老师去向他求学，选择好的朋友和他们交往。得到了贤能的老师去向他求学，那么所听到的就是尧、舜、禹、汤的正道；得到了好的朋友和他们交往，那么所看到的就是忠诚、守信、恭敬、谦让的行为。自己一天天地进入到仁义之中而没有察觉，这是潜移默化使他这样的。如果和德行不好的人相处，那么所听到的就是欺骗蒙蔽、欺诈虚伪，所看到的就是污秽卑鄙、淫荡邪恶、贪图财利的行为，自己将受到刑罚杀戮还没有意识到，这也是潜移默化使他这样的。古书上说："不了解某人的儿子就看看他儿子的朋友，不了解他的君主就看看他身边的人。"不过是潜移默化罢了。不过是潜移默化罢了。

**图书在版编目（CIP）数据**

荀子译注 /（战国）荀况著；王威威译注．—北京：北京联合出版公司，2015.7（2023.8重印）
ISBN 978-7-5502-3950-0

Ⅰ．①荀… Ⅱ．①荀… ②王… Ⅲ．①儒家②《荀子》－译文③《荀子》－注释 Ⅳ．①B222.6

中国版本图书馆CIP数据核字（2015）第143118号

**荀子译注**

作　　者：（战国）荀况
译　　注：王威威
出 品 人：赵红仕
选题策划：梁明德　邵鹏军
责任编辑：王　巍
特约编辑：江　雪
封面设计：格林文化
版式设计：格林文化

北京联合出版公司出版
（北京市西城区德外大街83号楼9层　100088）
三河市华润印刷有限公司　新华书店经销
字数142千字　960毫米×640毫米　1/16　印张21.25
2015年9月第1版　2023年8月第3次印刷
ISBN 978-7-5502-3950-0
定价：49.00元